Helene von Druskowitz

Moderne Versuche eines Religionsersatzes

Helene von Druskowitz
Moderne Versuche eines Religionsersatzes
ISBN/EAN: 9783743346871
Hergestellt in Europa, USA, Kanada, Australien, Japan
Cover: Foto ©Lupo / pixelio.de

Helene von Druskowitz

Moderne Versuche eines Religionsersatzes

Der Leser wird gebeten, folgende
Berichtigungen
genau zu beachten:

S. 4 Z. 8 v. u. lies: fast alle statt „wohl alle".
„ 9 „ 9 v. o. „ ist statt „war".
„ 16 Note Z. 5 v. u. lies: 305 stat „308".
„ 17 „ „ 2 v. o. „ est statt „et".
„ 19 „ „ 3 v. o. „ suffisamment statt „suffisemment."
„ 24 Z. 11 v. o. nach Wissenschaft ist jedoch hinzuzufügen.
„ 32 „ 12 v. o. lies: der Philosophie statt „einer Philosophie".
„ 37 „ 16 v. u. lies: gleichviel statt „gleichgiltig".
„ 37 „ 15/14 v. u. lies: Unerkennbares statt „Unnennbares".
„ 48 „ 13 u. 14 v. o.: Antike Zustände schweben seinem Geiste vor nicht als gesperrt, sondern als eng gedruckt zu betrachten.
„ 48 „ 1 v. u. lies: ihn vermittelst Ueberlegung zu er=füllen.
„ 49 „ 2 v. o. lies: in dem statt „von dem".
„ 52 „ 15 v. u. lies: nur auf Irrthümern.
„ 53 „ 6/7 v. o. ist „Wohlthaten" zwischen Anführungszeichen zu setzen.
„ 53 „ 14/15 v. o. lies: kann nicht beleibigen statt „will nicht beleibigen".

I.

Die Voraussetzung dieser Schrift bildet die jedem Unbefangenen sich aufdrängende Wahrnehmung, daß das Christenthum bei den ersten modernen Culturvölkern mehr und mehr seine Macht über die Gemüther verliert und seiner Auflösung nothwendig entgegengeht, wenn auch bei den verschiedenen in Frage kommenden Völkern in einem verschiedenen Grade der Beschleunigung. Warum dieser Verwitterungs- und Mortifikationsproceß erforderlich, glauben wir den Lesern, für welche diese Schrift hauptsächlich bestimmt ist, nicht auseinandersetzen zu müssen. Diese Frage ist bereits von anderer Seite erschöpfend beantwortet worden.

So wichtig die allmälige Loslösung von einer mit dem modernen Geiste vollkommen unverträglichen Religion nun auch sei, so kann die bloße Befreiung von ihr doch nimmermehr genügen. Ist die Religion in ihren höheren Formen doch der Ausdruck eines idealen Bedürfnisses des Menschengeistes, wenn auch nur ein vorläufiger und unvollkommener. Trotz aller schädlichen Elemente, die sie mit sich führt, vermag sie den Gemüthern einen gewissen Schwung zu geben, sie, wenn auch in unlogischer Form, etwas Höheres ahnen zu lassen. Wogegen der bloße Atheismus zu den unerfreulichsten Erscheinungen zählt, bilden doch Pietätlosigkeit und Mangel an jedem Ernst sein nothwendiges Gefolge. Man darf deßhalb nicht bei der bloßen Negation der Religion stehen bleiben, und nur der hat im Grunde ein volles Recht Freigeist zu sein, der, nachdem er den Aberglauben abgestreift, nach einem neuen und zuverlässigeren Gegenstand seines höchsten Vertrauens und Strebens sucht, der Gemüth und Verstand in gleichem Maße befriedigt. Es muß ein Höheres und Vollkommeneres an Stelle der Religion treten.

Wie wird dies Höhere und Vollkommenere aber beschaffen sein müssen? Wird es da verschiedene Ersatzmittel geben oder nur ein einziges, welches diese Bezeichnung voll verdient? Und wenn es nur ein einziges geben sollte, wird dasselbe im Stande sein, zunächst bei den vorgeschrittensten Nationen eine Alle umspannende und verbindende Macht gleich der Religion zu werden, wird es Volk und Gebildete mit einander vereinen können?

In den Augen der Meisten dürfte in unserer — im üblen Sinne des Wortes — atheistischen Zeit wohl nichts überflüssiger und unzeitgemäßer sein, als derartige Fragen aufzuwerfen und ihnen sein Nachdenken zu widmen. Die Mehrzahl derjenigen aber, welche diese Angelegenheit nicht für absolut bedeutungslos halten, wird die oben gestellten Fragen gewiß in der Weise beantworten, daß der Gebildete immerhin eines Religionsersatzes bedürfen mag, daß es aber jedem selbst überlassen werden muß, sich einen solchen zu wählen oder zu schaffen. Was aber die Menge, bei den ersten Culturvölkern selbst, betrifft, so hält man dieselbe wohl eher für fähig, einem neuen Aberglauben zum Opfer zu fallen, als eine auf einer mit den Thatsachen übereinstimmenden Weltanschauung begründete Lehre in Fleisch und Blut zu verwandeln.

Gegen die erstere Bemerkung, daß es nämlich jedem Gebildeten selbst überlassen bleiben sollte, sich einen Religionsersatz zu wählen oder zu schaffen, läßt sich einwenden: die Religion bringt in ihren höchsten Manifestationen Ideen zum Ausdruck, die nur durch ganz bestimmte Vorstellungen in vollkommenerer Weise ersetzt werden können, keineswegs aber durch den erstbesten höheren Gegenstand. Weder Kunst noch Wissenschaft, noch Naturcultus, noch philanthropische Werkthätigkeit vermögen das Reich der Religion zu ersetzen, obwohl sie in einem gewissen Sinne Stützen und Bestandtheile der neuen Lehre werden können. Es handelt sich bei dem Religionsersatze um eine ganz bestimmte Gruppe von Gedankengebilden und Empfindungen, welche in schwungvoller Verbindung Gemüth und Verstand im gleichen Maße befriedigen würden.

Ferner aber will es uns durchaus nicht einleuchten, weßhalb der einzig wahre Religionsersatz, der zunächst ein einigendes Band unter den Gebildeten werden müßte, nicht auch allmälig tiefere Schichten (natürlich nur innerhalb der ersten modernen Nationen) erfassen sollte. Wenigstens läßt sich die Möglichkeit eines allgemeineren Fortschritts in dieser Richtung nicht bestreiten.

Man hält die menschliche Natur im Allgemeinen für zu wenig änderungs- und besserungsfähig und verzweifelt, ehe nur ein Versuch gemacht wurde, sie auf neue Bahnen zu leiten. Es ist selbstverständlich, daß eine höhere, religionsersetzende Lehre nicht von selbst in den Köpfen festen Fuß fassen und ihr Reich nicht von heute auf morgen begründen könnte. Wohl aber ist die Möglichkeit vorhanden, daß sie allmälig, wenn zum Gegenstande der Uebung und des Unterrichts erhoben, durch Genossenschaften gepflegt, durch Wort und Schrift gefördert, zu einer alle Schichten umspannenden Geistesführung werden könnte.

Noch haben wir aber den Hauptmotor nicht genannt, der in Kraft treten müßte, um der neuen Lehre Bahn zu brechen. Das ist der **Enthusiasmus der Besten** für dieselbe. Sowie jede Religion einer **begeisterten Schaar Anhänger** bedurfte, um zu einer die Massen beherrschenden Macht erhoben zu werden, ebenso wird der höhere Religionsersatz von einer erwählten Minderzahl mit begeisterter Hingebung gepflegt werden müssen, damit auch in die geringeren Naturen eine Bewegung komme.

Wer nun an der Möglichkeit festhält, daß einst die vom Christenthum sich allmälig lossagenden modernen Nationen, — und es sind die besten darunter, die, soviel wir wissen, je diese Erde bevölkert haben, — von einer neuen, vollkommeneren Weltanschauung beseelt und zu einem höheren Leben erhoben werden könnten, dem wird das Problem eines Religionsersatzes als eines der bedeutungsvollsten erscheinen, dem man nicht genug Nachdenken widmen kann.

Es haben sich seit Comte und Feuerbach eine Reihe von Denkern und Schriftstellern des fraglichen Problems bemächtigt. Die verschiedensten Anschauungen sind darüber laut geworden. Nur wenige Denker haben dabei die Allgemeinheit in's Auge gefaßt, die Meisten dachten nur an einen Religionsersatz für die Gebildeten. Diese Versuche in conciser Weise, mit strenger Vermeidung von langathmigen und schleppenden Ausführungen, darzustellen und einer Kritik zu unterziehen, ist die Aufgabe, welche diese Schrift zu lösen sucht. Wir bemerken sogleich, daß keiner der in Frage kommenden Denker und Schriftsteller das Problem in einer in jeder Hinsicht befriedigenden, alle Seiten desselben berücksichtigenden Weise behandelt hat. Doch finden sich wohl alle bedeutsamen Elemente eines Religionsersatzes mit mehr oder weniger Energie und Schwung in den verschiedenen Versuchen verstreut hervorgehoben. Aber erst jene Lehre würde als wahrer, vollkommener Religionsersatz gelten können, welche alle jene verstreuten Bestandtheile in sich vereinigte und durch eine kühne Kombination derselben ein machtvolles Ganze gestaltete.

Ein Theil jener Versuche ist von der falschen Voraus=
setzung ausgegangen, daß der Religionsersatz den Character
einer atheistischen Religion haben müsse. Das Verhält=
niß, welches der Mensch im Religionsersatz zu dem Welt=
ganzen einerseits, zu dem Ideale andrerseits einnimmt, ist
jedoch ein sehr verschiedenes von dem des Gläubigen zu seinem
Gotte und zu dem ihm von Gott dictirten Gesetze, so daß
die Beibehaltung des Wortes Religion für das neue Ver=
hältniß völlig unzulässig ist. Fest verknüpft mit dem Stand=
punkte, welcher überwunden werden soll, ist die Bezeichnung
mit der Sache selbst fallen zu lassen. Wer sich eine volle,
ganze und echte Freiheit von der übernatürlichen Religion
errungen, der geht dem Worte instinktiv aus dem Wege und
sucht es aus seinem Sprachgebrauche völlig auszumerzen.

II.

Um sogleich ein feste Grundlage für unsere Kritik der
verschiedenen religionsersetzenden Versuche zu gewinnen, wollen
wir feststellen, welche berechtigte geistige Bedürfnisse, —
denn nur von diesen kann hier die Rede sein, — die Religion
in ihren höchsten Manifestationen vorläufig befriedigt und
welche demnach auch der Religionsersatz, jedoch in vollkom=
menerer Art, wird befriedigen müssen.

Die Religion bietet in ihren höchsten Entwicklungs=
formen erstens eine Weltanschauung, also eine Deutung und
Auslegung der Welt, nach welcher der Mensch verlangt, in=
dem sie alle Dinge und Wesen, und als deren Krone vor
Allem den Menschen, mit einer höchsten Macht, mit einem
tiefsten Weltgrunde in Verbindung bringt, ihn durch den=
selben als bedingt bezeichnet; indem sie ferner Vertrauen
in die höchste Vollkommenheit des Allurhebers und das durch

ihn bedingte und bestimmte Ziel des Weltprocesses, und endlich **Ehrfurcht** vor der obersten Schöpfergewalt, als etwas Unfaßbarem und Geheimnißvollem, erweckt. Auch der Religionsersatz wird den Momenten der **Bedingtheit**, des **Vertrauens** und der **Ehrfurcht** Rechnung tragen müssen, indem er denselben jedoch eine Vorstellungsunterlage gibt, auf welche der Verstand einzugehen vermag, während er die unbeweisbare Hypothese eines persönlichen Gottes fallen läßt. Wenn das Moment des Vertrauens im Christenthum sich auf eine göttliche Macht und auf ein künftiges überirdisches Reich bezieht, während die diesseitige Welt völlig entwerthet erscheint, so wird der Religionsersatz erstens in den Weltgrund, ob wir denselben nun vom realistischen Standpunkte aus kennzeichnen, oder vom idealistischen aus für unerforschlich und unfaßbar erklären, dann aber auch in den (zum kleinsten Theil vor unseren Blicken sich vollziehenden) Weltprozeß Vertrauen setzen; denn daß solches Vertrauen objektiv statthaft und subjektiv bedingt durch den Stammcharacter der besseren modernen Nationen, für welche ein höherer Religionsersatz geschaffen werden soll, das haben zwei Denker, deren einschlägige Versuche wir würdigen werden, in hohem Grade überzeugend dargethan. — Die Religion greift aber ferner auch gestaltend in das Leben ein, jedoch in durchaus einseitiger Weise; auch hier muß der Religionsersatz Vollkommeneres bieten, indem er das Leben mit einem höheren Gehalte erfüllt, als dies die Religion vermocht, um so mehr, als er die Erde als einzigen Schauplatz des Menschen bezeichnet. In seiner Zukunftsperspektive wird der vollkommenere Religionsersatz die Unsterblichkeitsträume, in denen die menschliche Eitelkeit sich ihren naivsten Ausdruck geschaffen hat, zerstören, dafür aber wird er auf erhabene Möglichkeiten hinweisen, die sich in der Entwicklung des Menschengeschlechtes verwirklichen können.

Mit dieser Analyse der Religion und des Religions=
ersatzes, welche wohl kaum anzufechten sein dürfte, haben wir
einen festen Maßstab gewonnen, an dem wir die verschiedenen
Versuche, unser Problem zu lösen, nunmehr messen können.

Doch noch eine Vorbemerkung: indem wir das Moment
des Vertrauens in den Urgrund der Dinge und in den
Weltproceß als nothwendigen Bestandtheil des vollkommenen
Religionsersatzes hervorhoben, haben wir unsere Stellung
dem Pessimismus gegenüber gekennzeichnet. Der Religions=
ersatz muß dem schief dirigirten Vertrauen des Christenthums
eine andere Wendung geben, und dadurch die pessimistische
Fassung der Wirklichkeit durch das Christenthum über=
winden. Er muß, wenn er festen Halt in den Geistern ge=
winnen soll, dem innersten Wesen der modernen Culturvölker
angemessen sein, — ein Moment, welches hervorgehoben zu
haben hauptsächlich Dühring's Verdienst ist. Thatkräftig,
lebensfrisch und edler geartet, wie die besten modernen
Culturvölker sind, ist der Pessimismus keine ihnen homogene
Weltanschauung und kann in das moderne Leben immer nur
in Form einer vorübergehenden Zeitkrankheit eingreifen.
Wir wollen deßhalb etwaige Nachklänge buddhistischer Er=
lösungssehnsucht, aus welchen auch ein Religionsurrogat
präparirt werden könnte, bei Seite lassen, da wir uns blos
mit modernen Versuchen eines Religionsersatzes beschäf=
tigen werden, also solchen, die, wie wenig stichhaltig sie auch
an sich sein mögen, immerhin mit der Grundtendenz des
modernen Völkerwesens übereinstimmen. Ebenso schließen wir
alle Formen eines feineren Theismus, in welchen Manche
einen Ersatz für die Religion gefunden zu haben glauben,
von unserer Untersuchung aus, da dieselben von Grund=
vorstellungen ausgehen, welche die wissenschaftliche, moderne
Weltbetrachtung als unbeweisbar ablehnt.

So lange das Christenthum noch festen Halt in den

Massen hatte, konnte der Gedanke eines Religionsersatzes füglich keine Macht gewinnen. Wir suchen daher bis auf die letzten drei Jahrzehnte, abgesehen von den philosophischen Systemen, die doch nur für ihre Urheber und eine kleine Schaar Anhänger die Bedeutung eines Religionsersatzes haben konnten, vergeblich nach einer ernsten Berücksichtigung unseres Problems. Erst in unserer Zeit, seitdem der Glaube mehr und mehr seine Autorität verliert, ist das Problem in den Vordergrund getreten.

In einem französischen und in einem deutschen Denker tauchte zuerst gleichzeitig der Gedanke auf, daß an Stelle des Christenthums, — gegen welches der deutsche Denker, Ludwig Feuerbach, so wuchtige Schläge führte, während es der französische Philosoph, Auguste Comte, von vornherein als eine in der Hauptsache überwundene Phase in der Entwicklung der Menschheit betrachtete, — ein von allem Aberglauben gereinigter Ersatz treten müsse, den jedoch beide irrthümlicherweise als atheistische Religion faßten. Beide betonen wesentlich jene Seite der Religion und des Religionsersatzes, welche das Verhältniß des Menschen zur Gesellschaft bestimmt. Doch tritt, wie wir sehen werden, bei Feuerbach noch ein anderes Moment glücklich hervor, welches aus der Stellung des Menschen zur Natur sich ergiebt, während Comte in diesem Punkte nichts Befriedigendes geleistet hat. Wenn wir uns Feuerbach's Liebesreligion jedoch aus verstreuten Bemerkungen selbst construiren müssen, hat Comte seine Menschheitsreligion in einem bänderreichen, äußerst voluminösen Werke bis in's kleinste Detail ausgeführt. So wenig wir auch mit den Hauptgedanken seines „Système de Politique positive" werden einverstanden sein können, so ist das Werk an sich doch höchst merkwürdig, ja einzig in seiner Art und das Produkt eines außerordentlichen Constructionsvermögens. Freilich hat dem neuen Re=

ligionsstifter das Schema des Katholicismus vielfach als Vorbild gedient.

Comte war, nachdem er sein „Système de Philosophie positive" beendet, von dem Resultate dieses Werkes nicht befriedigt. Was ihm von Jugend auf vorschwebte, war eine Reform der Gesellschaft, und er hatte zunächst nur eine Reform der Gesellschaftslehre vollbracht, als derjenigen Wissenschaft, die, seiner „encyclopädischen Formel" gemäß, Krone und Gipfel aller anderen Disciplinen war, und zwar hatte er diese Reform dadurch vorgenommen, daß er auf die Gesellschaftslehre, in der damals noch die theologische und metaphysische Methode herrschten, die positive anwandte, die in den anderen Wissenschaften bereits Eingang gefunden. Comte sah jedoch, daß es Höheres gebe als Verstand und Wissen, daß die wahre Reform der Gesellschaft durch das Herz, durch das Gefühl erfolgen, daß die Philosophie in Religion gipfeln müsse. Der objektive Cursus könne nur eine Vorbereitung der subjektiven Lehre sein; die Einheit, auf welche Comte auf dem Gebiete der objektiven Wissenschaften verzichtete*), glaubte er in einer Menschheitsreligion, also auf subjektive Weise herstellen zu können.

Doch bedurfte es eines besonderen Anlasses, der, wie er meinte, ihn befähigte, ein Reformator der Menschheit zu

---

*) Die positive Philosophie (übersetzt von J. H. von Kirchmann) 1. Band, S. 17: „Indem ich es als Ziel der (positiven) Philosophie hingestellt habe, das Ganze der bisher gewonnenen Kenntnisse in Bezug auf die verschiedenen Klassen von Vorgängen in eine gleichzeitige Lehre zusammenzufassen, bin ich doch weit entfernt, diese Vorgänge als die verschiedenen Wirkungen eines einzigen Prinzipes anzusehen; vielmehr halte ich alle Unternehmen für verfehlt, welche aus einem einzigen Gesetze sämmtliche Vorgänge ableiten wollen, selbst wenn solche Versuche von den berufensten Geistern ausgehen sollten. Der menschliche Geist dürfte zu schwach und das Weltall zu verwickelt sein, als daß wir jemals eine solche Vollkommenheit des Wissens erreichen könnten."

werden. Er lernte Madame Clotilde de Vaux kennen, die von ihrem verbrecherischen Gatten getrennt lebte, ohne bei der damaligen Unlösbarkeit der Ehe in Frankreich sich von ihm scheiden lassen zu können, und faßte, von den offenbar ungewöhnlichen Vorzügen ihres Geistes und Herzens geblendet, eine leidenschaftliche Zuneigung zu ihr. Ein glückliches Jahr vereinte sie in wechselseitiger, doch stets reiner Liebe, bis der Tod Clotilde hinwegraffte. Doch eine begeisterte Erinnerung an sie blieb bestehen. Comte hörte nie auf, ihr Andenken zu feiern, zu ihr zu beten, ihren Beistand anzurufen und sie als Urheberin jener inneren Wandlung zu preisen, die ihn befähigte, sein Reformwerk zu vollenden.*) Die Politique positive ist ihrem Andenken ge-

---

*) Système de Politique positive. Préface p. 7: „Fatigué de son immense cours objective, mon esprit ne suffirait pas pour régénérer subjectivement ma force systématique, dont la principale destination c'était alors redevenue, comme dans mon début plus sociale qu'intellectuelle. Cette indispensable renaissance, qui devait émaner du coeur, me fut procurée, il y a six ans, par l'ange incomparable que l'ensemble des destinées humaines chargea de me transmettre dignement le résultat général du perfectionnement graduel de notre nature morale."—Préface p. 9: „L'excellence intellectuelle et morale de cette admirable nature ne peut donc être assez sentie, qu'en appréciant son éternelle réaction sur ma grande mission. Tous ceux qui ont sainement jugés les progrès récents du positivisme comprennent déjà, par une comparaison décisive, combien cette impulsion spontanée facilita le plein essor de mon vrai caractère philosophique, l'entière systematisation de l'existence humaine d'après le préponderance du coeur sur l'esprit. Mes nouveaux services peuvent seuls obtenir que le nom chéri devenu inséparable du mien dans les plus lointains souvenirs de l'humanité reconnaissante. Le doux devoir que Dante remplit admirablement envers sa Beatrice résulte encore mieux pour moi d'obligations très supérieures."

Dédicace p. IX. „Ce qui m'autorise ici à reclamer dignement l'attention publique pour ce devoir sacré, c'est que je ne voyais pas seulement en lui ma noble compagne et ma précieuse conseillère, mais aussi mon éminente collègue dans l'immense régéneration reservée à notre siécle."

widmet; es liegt in den an sie gerichteten Worten etwas von dem Geiste, der aus Dante's Vita nuova und Shelley's Epipsychidion zu uns spricht.

Wie der Leser aus den soeben in der Note gegebenen Citaten ersieht, war das Selbstgefühl, welches unsern Philosophen erfüllte, kein geringes, ja, es war über der Ausarbeitung seiner neuen Religion ein fast krankhaftes geworden. Nie fühlte sich ein Geist mehr zu einer hohen Mission berufen, nie fühlte sich jemand mehr berechtigt über alle großen Angelegenheiten ein entscheidendes und letztes Wort auszusprechen, als Comte. Indem er sich mit der Würde eines Hohenpriesters der neuen Religion umgab, war auch sofort ein alles vergewaltigender, sich unfehlbar dünkender Pontifex aus ihm geworden.

Freilich konnte es scheinbar mit der Menschheit niemand besser meinen, als Comte. Durch das Glück, das er selbst ein Jahr lang in seiner Liebe zu Clotilde de Vaux genossen, ward die schon früher gehegte Ueberzeugung vollends in ihm befestigt, daß in dem Altruismus — vivre pour autrui — die vollkommenste Bürgschaft für das allgemeine Wohl liege, weshalb derselbe zum obersten Lebensprinzipe erhoben werden müsse. Nur die Menschenliebe könne die Menschheit erlösen, indem sie zum primum mobile des Lebens wird, alle anderen Antriebe ihr untergeordnet werden. Eine Religion der Menschheit soll die übernatürliche Religion ersetzen.

Comte sieht das Wesen der Religion einerseits in der harmonischen Ausbildung des Einzelnen, andrerseits in der Harmonie der Individuen untereinander.*) Diese Harmonie

---

*) Politique positive. I. p. 9: „Cet état synthétique consiste ainsi, tantôt à régler chaque existence personelle, tantôt à rallier les diverses individualités Vergl. Comte, Catéchisme positiviste (deuxième edition 1874). pag. 42.

Politique positive. II. p. 8. Avant tout, je dois ici dissiper wird nun wesentlich dadurch bewerkstelligt, daß wir zur Erkenntniß einer im Wesentlichen unwandelbaren Weltordnung und unveränderlicher Naturgesetze gelangen, welchen wir uns in Demuth anzupassen haben.*) Deshalb lautet das zweite Satzglied der Formel, welche Comte an die Spitze seiner Politique positive gestellt hat: „Ordre pour base". Entspricht dem vivre pour autrui der Cultus der neuen Religion, so dem ordre pour base das Dogma. Das positive Dogma ist keine leichte Sache, es erfordert vom Adepten der neuen Religion nichts Geringeres, als die Bewältigung aller Wissenschaften der „encyklopädischen Formel", also der Mathematik, Astronomie, Physik, Chemie, Biologie und Sociologie. Es stellt also jedenfalls zu hohe Anforderungen an den gemeinen Menschenverstand.

Die Weltordnung, im Wesentlichen unveränderlich, weist doch auch einen Fortschritt auf, weshalb der Mensch durch Kenntniß der Naturgesetze einerseits zur Resignation, anderseits zur That geführt wird. Deshalb lautet das dritte Glied in Comtes Religionsformel: Progrès pour but. Es ist dieser Satz, welcher auf das praktische Handeln und die Politik hinweist.

Die neue Religion gibt also dem Denken, Fühlen und

---

le vague et l'incertitude que présente encore la signification générale du mot religion. Les meilleurs esprits y confondent presque toujours le but essentiel avec les moyens temporaires. Dans ce traité la religion sera toujours caractérisée par l'état de pleine harmonie propre à l'existence humaine, tant collective qu'individuelle, quand toutes ses parties quelconques sont dignement coordonnées."

*) Politique positive II. p. 12: „Pour nous régler et nous rallier la religion doit donc avant tout nous subordonner à une puissance extérieure, dont l'irresistible suprématie ne nous laisse aucune certitude. Ce grand dogme sociologique n'est, au fond, que le plein développement de la notion fondamentale élaborée par la vraie biologie sur la subordination nécessaire de l'organisme envers le milieu."

Handeln eine Richtung, ein Umstand, den Comte als einen ihrer Hauptvorzüge vor den früheren Religionen bezeichnet*), welch' letztere das Handeln zu wenig berücksichtigten.

Wir ersehen aus dem Gesagten, daß Comte das Verhältniß des Menschen zum Weltganzen ganz äußerlich faßt, den Menschen der Natur wie etwas Fremden gegenüberstellt, wonach sich für den Menschen kein tieferes Gefühl an dieses Verhältniß knüpfen läßt. Wir werden später nochmals auf diesen großen Mangel in Comte's Religionssystem zu sprechen kommen, vorerst aber seine Lehre vom Altruismus und die Consequenzen, die sich für die verschiedenen Sphären des Lebens und Denkens daraus ergeben, näher betrachten.

Durch den Altruismus, den Comte in den Mittelpunkt der neuen Lehre stellt, soll die Regeneration der Menschheit erfolgen, durch ihn soll das Reich allseitiger Harmonie begründet werden. Die neue Religion will das sociale Gefühl möglichst nähren, das Persönlichkeitsgefühl möglichst unterdrücken. Nun läßt sich der Egoismus, wie Comte zugibt, nicht gänzlich aus der menschlichen Natur ausmerzen, doch kann er auf den bloßen Selbsterhaltungstrieb reduzirt werden, der seinerseits die Grundlage aller höheren Entwicklung bildet. Es scheint zwar, daß eine solche Unterordnung des Egoismus unter den Altruismus, ein solcher Sieg des Altruismus über den Egoismus nicht im Bereiche der Möglichkeit liege. Doch macht der Philosoph geltend, daß erstens durch eine glückliche Einrichtung der Natur der Wettbewerb die Menschen einander auch wieder nähere und sie vereine, und daß zweitens die

---

*) II. p. 7: „D'abord spontanée, puis inspirée et ensuite révélée, la religion devient enfin démontrée. La constitution normale doit satisfaire à la fois le sentiment, l'imagination et le raisonnement, sources respectives de ces trois modes préparatoires. En outre elle embrassera directement l'activité, que ne pouvait jamais consacrer assez ni le fétichisme, ni même le polythéisme, ni surtout le monothéisme."

Ueberlegung, der Einblick in die Bedingungen des socialen Wohls die Menschen beeinflussen könne, im Dienste desselben zu wirken. Und hier ist der Punkt, worin sich Comte's Altruismus von Feuerbach's Liebe unterscheidet. Appelliert Feuerbach an das frei aus dem Herzen fließende Wohlwollen, an die natürliche Menschenliebe, so ruft Comte die Reflektion zu Hilfe, damit sie zur Ueberwindung des Egoismus mitwirke. Auch Comte setzt natürliches Wohlwollen voraus, doch bedarf dasselbe nach seiner Ansicht der Unterstützung durch den Verstand*), dessen höchstes Verdienst wieder in dieser Mitwirkung besteht, denn das Herz, das Gefühl haben in der neuen Lehre die Oberhand über den Intellekt. Vermag der Verstand dem Herzen gegen den Egoismus auch Hilfe zu leisten, so muß er sich dem Herzen doch unterordnen. War es einst heilsam, daß der Verstand die Herrschaft an sich riß, damit die Wissenschaften ihre jetzige Höhe erreichen konnten, so sei doch in dieser Hinsicht das Wichtigste gethan, und muß der seit dem Mittelalter bestehenden Suprematie des Verstandes nun ein Ende gemacht werden, indem das Herz die weitere Führung der Menschheit übernimmt. Comte bezeichnet den Unterschied zwischen seiner ersten und zweiten philosophischen Periode in Bezug auf das Verhältniß von Herz und Geist in der Widmung seiner „Politique positive" mit den Worten**): „Après avoir noblement consacré la

---

*) I. p. 16: Leur ascendant spontané peut être beaucoup secondé par l'intelligence, quand elle s'applique à consolider la sociabilité en appréciant mieux les vrais rapports naturels, et à les développer en éclairant son exorcice à l'aide des indications du passé sur l'avenir. C'est dans ce noble service que la nouvelle philosophie fait consister la principale destination de l'esprit, auquel ainsi elle fournit à la fois une incomparable consécration et un champ bien plus propre à le satisfaire profondément que ses vains triomphes académiques et ses puériles investigations actuelles."

**) I. p. VII.

prémière moitié de ma vie publique à developper le coeur par l'esprit, je voyais sa seconde vouée surtout à éclairer l'esprit par le coeur, sans les inspirations duquel les grandes notions sociales ne peuvent acquérir leur vrai caractère*)!"
— Ist der Geist demnach nicht zum Herrschen, sondern zum Dienen bestimmt, weil er als Herrschender das Individuum und nicht die Allgemeinheit unterstützt, so ist er eben doch nur „der Diener und nicht der Sklave" des Herzens.

Bei dieser Stellung des „Herzens" müssen Wissenschaft und Speculation der Moral nothwendig untergeordnet werden. Der leitende Gesichtspunkt aller Forschungen soll in Zukunft das allgemeine Wohl sein. Ein Studium, welches dieses nicht in irgend einer Weise fördert, ist nutzlose Grübelei und kann nur auf Abwege führen. Das Herz soll die Aufgaben stellen und der Verstand sie lösen, nicht aber soll er selbst Aufgaben stellen. Das allgemeine Wohl — dies ist der Gesichtswinkel, von welchem aus alles menschliche Thun berücksichtigt werden soll. Comte geht aber noch weiter: er bemißt die Existenzberechtigung der Thiere und Pflanzen nur nach ihrem Nutzen für den Menschen und gelangt zu dem Schlusse, daß alle Thiere und Pflanzen, welche diesen Zweck nicht erfüllen, ausgetilgt werden sollen.

Eine größere Bedeutung als die Wissenschaft erhält im Positivismus die Kunst, da sie sich an das Gefühl wendet. Trotzdem wird ihr keine leitende Stellung eingeräumt, alle praktische Wirksamkeit auf die politischen Kreise beschränkt. Haben die Philosophen keine politische Macht, so noch weniger die Künstler**). Comte's Forderung,

---

*) I. p. 16: „L'esprit n'est pas destiné à régner mais à servir; quand il croit dominer, il rentre au service de la personnalité, au lieu de seconder la sociabilité, sans qu'il puisse nullement à dispenser d'assister une passion quelconque."

**) L'état normal de la nature humaine subordonne l'imagination à la raison que celle-ci au sentiment. Toute inversion prolongée de

daß alle Kunst eine moralische Tendenz verfolgen solle, kann bei ihm nicht überraschen. Da der Zweck der Kunst aber erst in der positivistischen Aera ganz wird begriffen werden, so ist auch ihre höchste Blüthe von der Zukunft zu erwarten. Indem die Kunst erst dann ihre Aufgabe recht erkennt, wird sie auch einen milderen Charakter annehmen und hauptsächlich den sanften und wohlwollenden Empfindungen Ausdruck verleihen, die weit ästhetischer als die des Hasses*). Auch würde die Kunst sich, nach Comte's Anschauung, erst dann frei entfalten können, da man nun erst mit unbefangenem Blicke die verschiedenen geschichtlichen Epochen und Erscheinungen betrachten wird**). Ein sehr richtiger Gedanke Comte's ist, daß die künstlerische und speculative Thätigkeit keineswegs nothwendig getrennt sein müssen, sondern in einer und derselben Person vereinigt werden können.

---

cet ordre fondamental est également funeste au coeur et à l'esprit. Le prétendu règne de l'imagination deviendrait encore plus corrupteur que celui de la raison, s'il n'était pas encore compatible avec les conditions réelles de l'humanité. Mais quoique chimériques la seule poursuite fait troubler beaucoup l'existence privée, en substituant une exaltation factice, et trop souvent mensongère, aux émotions spontanées et profondes. À plus forte raison cette vicieuse prépondérance de l'imagination doit elle altérer la vie publique quand aucune barrière sociale ne contient plus les ambitions ésthétiques."

*) I. pag. 300: „En faisant consister la principale satisfaction de chacun à coopérer au bonheur d'autrui, le positivisme appelle l'art à sa meilleure destination, la culture des sentiments bienveillants beaucoup plus ésthétiques que les instincts de haine et d'oppression seuls chantés jusqu'alors. Cette culture devenant notre but principal, la poésie se trouve directement incorporée à l'ensemble du régime définitif et acquiert ainsi une dignité auparavant impossible."

**) I. p. 308: „La nouvelle carrière que le positivisme doit offrir au génie ésthétique en lui ouvrant l'accès familier du passé et même de l'avenir. Ce domaine immense ne pouvait être livré à la poésie que quand la philosophie aurait d'abord embrassé l'ensemble. Or l'esprit absolu de la théologie et de la métaphysique empêchait jusqu'ici de

Indem Comte das Wohl der Menschheit als Zweck und Ziel aller Thätigkeit hinstellt, kann es nicht Wunder nehmen, daß er dazu gelangt, die Menschheit zu einem Grand-Être, zu einem Être-Suprême zu sublimiren. In dem Être-Suprême verschwindet das Individuum, ja es existirt eigentlich nur im Kopfe der Metaphysiker*). Es hat nur als Theil des Ganzen und nicht an sich Werth und Bedeutung**). Das Être-Suprême umfaßt aber keineswegs den gesammten Menschentroß, sondern nur die nützlichen Mitglieder der Gesellschaft und zwar der vergangenen, gegenwärtigen und zukünftigen***). Auch will Comte die nützlichen Hausthiere dem Grand-Être einverleibt wissen. Dasselbe unterscheidet sich dadurch vortheilhaft von dem alten Gotte, daß es kein absolutes, sondern ein entwicklungsfähiges Wesen ist, zu dessen Wachsthum und Vervollkommnung wir beitragen können†), indem wir uns selbst vervollkommnen††). In diesem Verhalten

---

comprendre les diverses phases sociales, surtout assez pour les idéaliser dignement. Au contraire le positivisme toujours relatif et principalement caracterisé par une théorie historique qui rendra familière l'intime contemplation de tous les modes propres à l'existence humaine. Un monothéiste sincère ne saurait bien comprendre et peindre avec succès les moeurs polythéiques ou fétichiques. Le poëte positiviste, habitué à la filiation de tous les états antérieurs, peut s'identifier avec un âge quelconque au point de réveiller nos sympathies pour une phase dont chacun de nous doit retrouver en lui-même l'équivalent spontané.

*) I. p. 334 : ... car l'homme, proprement dit, n'existe que dans le cerveau trop abstrait de nos métaphysiciens."

**) I. p. 363.

***) IV. p. 30. Ce Grand-Être est l'ensemble des êtres passés, futurs, et présents, qui concourent librement à perfectionner l'ordre universel.

†) I. p. 335: „Notre Grand-Être n'est plus immobile qu'absolu ; la nature rélative le rend éminemment développable; en un mot il est le plus vivant des êtres connus."

††) I. p. 330: „Ce culte continu de l'humanité exaltera et épurera tous nos sentiments; il agrandira et éclairera toutes nos pensées; il annoblira et consolidera tous nos actes."

zum Grand-Être liegt auch ein Ersatz für die phantastische Illusion der persönlichen Unsterblichkeit. Die menschliche Existenz ist theils eine objektive, reelle, theils eine subjektive. In letztere geht aber nur derjenige ein, dessen objektive Existenz im Dienste des Grand-Être gestanden hat.

Eine Hauptstütze des Positivismus bilden nächst den Philosophen die Proletarier, welche nicht durch falsche metaphysische Spekulationen verblendet sind und ein reges sociales Gefühl besitzen*). Eine ganz besondere Stellung nehmen in der neuen Lehre die Frauen ein. Als das sexe affectif sind sie die höchsten Repräsentanten des obersten Prinzips der neuen Religion und spielen bei dem Regenerationsprozeß eine große Rolle, indem derselbe erst dadurch, daß die Frauen in die Bewegung hineingezogen werden, zum Abschluß kommen kann. Comte gelangte durch seine exaltirte Liebe für eine Frau zu einem Kultus des gesammten Geschlechtes. Er fordert, daß jeder Mann in seiner Frau eine Repräsentantin der Menschheit sehe, um sich durch den Kultus der Frau zum Kultus der Menschheit vorzubereiten. Er sagt, daß die Frauen bisher nur im Mittelalter wahrhaft zu Ehren gekommen seien. Die neue Aera soll in der Begründung republikanischer Sitten auf „ritterliche" Gefühle bestehen. So hoch unser Philosoph das sexe affectif auch stellt, so will er es doch streng auf das Haus beschränkt wissen, indem er es in allen Bethätigungen der Kraft, der geistigen wie der Charakterstärke als hinter dem männlichen Geschlechte zurückstehend betrachtet.

---

*) I. p. 129: „. . . . . le positivisme ne peut obtenir des profondes adhésions collectives qu'au sein des classes qui, étrangères à toute vicieuse instruction des mots ou d'entités, et naturellement animées d'une active sociabilité, constituant désormais les meilleurs appuis du bon sens et de la morale. En un mot nos prolétaires sont seuls susceptibles de devenir les auxiliaires décisifs des nouveaux philosophes. L'impulsion régénératrice dépend surtout d'une intime alliance entre ces deux éléments extrêmes de l'ordre final."

Ein Einfluß auf die Oeffentlichkeit wird den Frauen deshalb nur indirekt, durch den Mann nämlich, zugestanden. Indem sie also zu keiner öffentlichen Thätigkeit gelangen können, oder doch nur in Ausnahmefällen, die Comte zugibt, ist ihnen eine subjektive Existenz nur dann gesichert, wenn sie Einfluß auf ihre Männer gewinnen und dieselben zu würdigen Dienern des Grand-Être heranbilden. Denn dies gehört neben der Erziehung der Kinder zu ihren vornehmsten und heiligsten Aufgaben. Vom Erwerb sollen sie völlig ausgeschlossen werden: l'homme doit nourrir la femme. Der Franzose verräth sich, wenn Comte der Frau im „positivistischen Salon" eine bedeutende Rolle einräumt.

Ungemein eingehend behandelt Comte den Kultus der neuen Religion. Wir wollen nur einige Elemente desselben hervorheben. Derselbe zerfällt in den Privat- und in den öffentlichen Kultus. Sein Medium bildet, wie in den übernatürlichen Religionen, das Gebet, welches hier jedoch nicht dazu dienen soll, eine höhere Macht zur Güte zu bewegen, oder ihr für Empfangenes zu danken, sondern Gefühle der Sympathie, der Liebe oder Verehrung für würdige Personen in einer edlen Form auszudrücken.*) Der Privatkultus soll nicht weniger als zwei Stunden des Tags in Anspruch nehmen, wovon auf das Morgengebet allein eine Stunde entfällt. Es folgt demselben ein Gebet unter Tags, als Ruhe- und Sammelpunkt inmitten der Geschäfte und eins vor dem Einschlafen. Der Mann richtet sein Gebet Morgens an die Mutter, Mittags an die Gattin, Abends an die Tochter —

---

*) Das Gebet zerfällt in zwei Theile, in die Commemoration und in die Effusion. Vergl. Catéchisme positiviste p. 95: „Quand une heureuse combinaison de signes et d'images a suffisamment ranimé nous sentiments envers l'être adoré, nous les épanchons avec une véritable ferveur, qui tend bientôt à les augmenter encore, et dès lors à nous mieux rapprocher de l'évocation finale."

als Repräsentantinnen der Vergangenheit, Gegenwart und Zukunft, während die Frau ihrerseits gleichfalls zur Mutter, dann zum Gatten und zum Sohne betet; in Ermangelung einer dieser Personen tritt eine andere würdige an ihre Stelle. Die neue Religion enthält ferner neun Sakramente. Es sind folgende: la présentation, la destination, l'initiation, l'admission, la maturité, la retraite, la transformation, l'incorporation. Das erste Sakrament bedeutet, daß die Familie den neuen Weltbürger dem Priester vorführt; das zweite den ersten Eintritt des künftigen Dieners der Menschheit in's öffentliche Leben, indem er mit vierzehn Jahren aus den Händen der Mutter in die Schule der Priester übergeht, um in einem siebenjährigen Kursus das positivistische Dogma zu studiren; durch das dritte Sakrament empfängt der junge Weltbürger die Autorisation, der Menschheit zu dienen, ohne Bestimmung seiner eigentlichen Berufssphäre; den Eintritt in letztere bezeichnet erst das vierte Sakrament, welches für die Frauen jedoch entfällt; haben dieselben nach Comte doch nur den einzigen Beruf, Gattinnen und Mütter zu werden. Der Mann darf jedoch erst, nachdem er das vierte Sakrament empfangen, eine eigene Familie gründen. Die Ehe ist für Comte eine besonders geheiligte Institution. Sie ist unauflösbar, außer in Fällen, wo einer der Theile sich einer criminellen That schuldig gemacht. Die Familie besteht durchschnittlich aus 7 Personen: aus Mann und Weib, dem couple fondamental, aus den Eltern des Mannes und drei Kindern. Wir sehen, wie unser Philosoph alles genau abzuzirkeln bemüht ist. — Das sechste Sakrament bezeichnet den Eintritt in jenes Alter, wo dem Bürger keine Vernachlässigung seiner Pflichten der Menschheit gegenüber mehr nachgesehen wird, wo er das „vivre au grand jour" nicht mehr scheuen soll; das siebente Sakrament bezeichnet ein vernünftiges Sichzurückziehen vom öffentlichen Leben und die Wahl des Nachfolgers; das achte besagt, daß der Priester das Leben des Todten, indem er das Bedauern der Gesellschaft mit den Thränen der Verwandten vereint, in würdiger Weise darlegt und prüft; das neunte, welches erst sieben Jahre nach dem Tode in Kraft tritt, bezeichnet das Urtheil, ob ein Mann würdig sei, in das Grand-Être aufgenommen zu werden.

Der öffentliche Kultus vollzieht sich jährlich in 84 Festen, welche in Tempeln von Priestern celebrirt werden, um die sich die Frauen gruppiren. Die Tempel sehen mit der Hauptfaçade nach Paris; an sie schließt sich das bois sacré, in dem die würdigen Diener des Grand-Être ihre Ruhestätte finden, während die Verbrecher, die Duellanten und Selbstmörder außerhalb desselben beerdigt werden.

Die neue Religion hat eine zahlreiche, streng organisirte Priesterschaft, mit einem Grand-Prêtre an der Spitze, (der seinen Sitz selbstverständlich in Paris hat), denn: „aucune société ne peut se conserver et se développer sans un sacerdoce quelconque", wie unser Philosoph vermeint. Die Priester sollen in jeder Hinsicht vollkommene Menschen sein. Politische Rolle spielen sie keine, doch ist auch ohne eine solche ihre Macht groß genug. Sie sind die Erzieher der Jugend, in ihren Händen liegt die Pflege der Künste und Wissenschaften und soweit soll die geistige Vergewaltigung der positivistischen Aera gehen, daß der Oberpriester die jedesmaligen wissenschaftlichen Themen bestimmt, welche einer Bearbeitung unterzogen werden sollen.

In politischer Hinsicht zerfallen die Bevölkerungen der positivistischen Länder — welch' letztere Comte von mäßigem Umfange sich denkt — in die Unternehmer und Arbeiter. Das Verhältniß zwischen diesen beiden Klassen soll aber ein von dem thatsächlich bestehenden sehr verschiedenes sein, indem es auf den Satz: „dévouement des forts aux faibles, vénération des faibles pour les forts" basirt wird. Die bevorzugte Stellung, die der Patrizier genießt, ist jedoch mit weit schwereren Verpflichtungen verbunden, als die des Proletariers, dessen Lage aber im Vergleich mit der gegenwärtigen als eine wesentlich verbesserte erscheint.

Die ersten politischen Spitzen jedes Landes sind bei Comte die drei reichsten Bankiers, in deren Händen die höchste weltliche Macht liegt und die ihre Nachfolger selbst zu wählen haben.

Also drei mächtige und völlig unkontrollirte Bankiers an der Spitze jedes Landes und über Allen ein Oberpriester, der sich anmaßt, alle Intelligenzen zu beherrschen — welch' ein raffinirtes System der Tyrannei! Mit Recht verurtheilt A. F. Lange die hierarchischen Neigungen Comte's, indem er sagt*): „Sind nicht die psychologischen Gesetze, welche jede Hierarchie, jedes über den Stand des Volkes emporgehobene Priesterthum herrschsüchtig machen und die Eifersucht auf Autorität in ihm wecken, unabänderlich in der menschlichen Natur gegründet und unabhängig vom Inhalte des Glaubens? In der That finden wir diese unausbleibliche Wirkung nicht nur bei den großen typischen Formen der tibetanischen, der christlich-mittelalterlichen, der alt-ägyptischen Hierarchie, sondern wie die neueren ethnographischen Forschungen zeigen, auch bei den kleinsten Religionsgruppen der entlegensten Völker, bei den verkommensten Negerstämmen und auf den kleinsten Inseln des Weltmeeres."

Comte's Religionssystem leidet jedoch noch an viel tieferen Schäden als Hierarchie, politisches Gewaltsystem und Eingriffe in das individuelle Seelenleben durch Normen wie z. B. die Bestimmungen über das Gebet.

Unbefriedigend vor Allem ist, worauf wir schon oben hin=

---

*) Geschichte des Materialismus (2. Auflage) II. p. 507.

wiesen, die Stellung, in welche der Mensch zur Natur gebracht wird. Die letztere wird in Uebereinstimmung mit den ersten Voraussetzungen der Comte'schen Philosophie rein nur als Mechanismus gefaßt, welchem sich der Mensch entweder widerstandslos unterwirft, oder den er in einem gewissen Grade meistern und modifiziren kann. Sie ist dem Menschen nur Schranke oder Medium, nichts weiter. Comte stellt den Menschen der Natur also ganz äußerlich gegenüber, statt ihn in lebendigen Zusammenhang mit ihr zu bringen, sie als seine Grundlage, als seine Gebärerin zu fassen, und somit müssen alle Empfindungen, welche aus dem so gedachten Verhältnisse entspringen, der Wärme und Tiefe entbehren*). Erst bei Feuerbach wird das Moment der Bedingtheit des Menschen durch die Natur in einer befriedigenden Weise bestimmt und dadurch ein Anknüpfungspunkt für das menschliche Streben gewonnen.

Unmöglich ferner ist das Verhältniß des Individuums zur Gesellschaft, zur Menschheit, wie Comte es denkt. Ein Altruismus in der Ausdehnung, wie unser Philosoph ihn wünscht, würde zur Auflösung des Individuums, würde zu einem Zustande führen, der in seiner Art kaum weniger unerträglich wäre, wie ein allgemeiner Fehde- und Kriegszustand. Niemand würde mehr in sich selbst zu Hause sein, Niemand mehr seine eigenen Wege gehen, seine eigenen Ziele verfolgen dürfen und eine schreckliche Monotonie würde über dem Leben lagern. Vortrefflich hat Herbert Spencer in

---

*) In „Synthèse subjective", Comte's letztem Werke, wird der Zusammenhang zwischen Mensch und Natur freilich anders gedacht. Hier erscheinen die Himmelskörper mit Empfindung begabt, das Universum zur Förderung des Menschen mitwirkend. Doch ist diese Auffassung jenes Verhältnisses ebenso weit von einer rationellen Deutung entfernt, wie die rein äußerliche Gegenüberstellung von Mensch und Natur in der Politique positive.

seiner sorgsam erwägenden Weise die Absurditäten geschildert, zu welchen ein zu weit getriebener Altruismus führen müßte*). Comte's Grand-Être ist ein vampyrartiger Popanz, noch schlimmer als der alte Gott. Er nimmt den ganzen Menschen gefangen, fordert die äußersten Opfer von ihm, das Individuum existirt ihm gegenüber überhaupt nicht.

Trotz Comte's Versicherung, daß die Blüthe der Kunst erst in der neuen Religionsära eintreten werde, fürchten wir, daß die Kunst dann im Gegentheile schwerlich gedeihen würde. Noch schlimmer wohl stünde es um die Wissenschaft. Weder der Kunst noch der Wissenschaft darf ein anderer Zweck untergeschoben werden, als in ihrem Begriffe enthalten ist. Ergibt sich aus den Schöpfungen der Kunst oder aus den Entdeckungen der Wissenschaft noch ein Nutzen für die Menschheit, so um so besser, allein der Nutzen darf nicht von vornherein beabsichtigt sein. So lange es echte Künstler und Forscher geben wird, wird die Liebe zur Kunst beziehungsweise zur Wissenschaft in ihnen die treibende Kraft sein, die Rücksicht auf das Wohl der Menschheit erst in zweiter Linie sich geltend machen dürfen.

Und sehen wir uns Comte's Grand-Être, dem der Einzelne sich zu eigen geben soll, etwas genauer an. Kann dasselbe denn wirklich als eine höchste Idee hingestellt werden, dem das Individuum sich mit allen seinen Kräften opfern soll? Es klingt zwar sehr schön, was J. St. Mill in Bezug auf die Menschheitsidee Comte's sagt**): „Die Bedeutung, welche die Idee des allgemeinen Menschenwohls für das Gemüths- wie für das praktische Leben des Menschen gewinnen kann, ist schon Vielen klar geworden, doch wüßten

---

*) Thatsachen der Ethik (deutsch von V. Vetter, Stuttgart 1879), p. 204 ff.

**) A. Comte und der Positivismus. S. gesammelte Werke herausgegeben von Th. Gomperz. Bd. IX, p. 96 fl.

wir nicht, daß Jemand vor Comte diese Idee in der ganzen majestätischen Erhabenheit erfaßt hätte, deren sie fähig ist. Sie steigt hinauf in das unergründliche Dunkel der Vergangenheit, sie umfaßt die vielgetheilte Gegenwart, sie steigt hinab in die unabsehbaren Fernen der Zukunft. Da sie mit einem Gesammtdasein zu thun hat, das keinen nachweisbaren Anfang und kein nachweisbares Ende hat, so berührt sie die Gefühlssaite des Unendlichen in uns, die tief in der menschlichen Natur wurzelt und ein unerläßliches Element der Größe aller unserer erhabensten Vorstellungen zu bilden scheint. Von dem ungeheuren sich stetig entrollenden Gewebe des menschlichen Lebens ist jener Theil, den wir am besten kennen, unwiederbringlich dahingegangen, ihm können wir nicht mehr dienen, wohl aber ihn lieben. Für die meisten von uns umschließt jener Theil die weitaus größere Zahl von jenen, die uns geliebt und uns Wohlthaten erwiesen haben, wie auch die lange Reihe derjenigen, die durch ihre der Menschheit gewidmeten Mühen und Opfer ein Anrecht erworben haben auf ein unauslöschliches, dankbares Gedächtniß. Die höchsten Geister leben, wie Comte mit Recht bemerkt, selbst heutzutage in Gedanken weit mehr mit den großen Dahingeschiedenen als mit den Lebenden und, den Todten zunächst, mit jenen idealen menschlichen Wesen der Zukunft, die zu erblicken ihnen niemals vergönnt sein wird. Wenn wir jene, die der Menschheit in der Vergangenheit gedient haben, nach Gebühr hochhalten, so werden wir auch fühlen, daß wir diese Wohlthäter ehren, indem wir denselben Zwecken dienen, denen ihr Leben geweiht war. Und wenn uns unser Nachdenken an der Hand der Geschichte gezeigt hat, wie innig jedes Zeitalter der Menschheit mit jedem andern verknüpft ist, und wenn wir in dem Erdenschicksal des Menschengeschlechtes den Verlauf eines großen Dramas oder die Handlung einer weitgedehnten Epopöe erblicken lernen, dann verschmelzen alle Generationen unauflösbar zu einem

einzigen Bilde, das all' die Gewalt, welche die Idee der Nachwelt auf den Geist ausübt, mit unserem besten Fühlen für die uns umgebende Welt und für die Vorgänger ver=
einigt, die uns zu dem gemacht haben, was wir sind."

Es ist bei näherer Betrachtung aber doch viel Unrichtiges in diesen Sätzen. Das Wohl der Menschheit zum Gegen= stande des höchsten Strebens des Individuums zu erheben, heißt die Menschheit als höchsten Gegenstand der Verehrung hinstellen. Das ist aber aus dem einfachen Grunde unzu= lässig, weil sich Höheres als die Menschheit denken läßt. Das Höchste, was es für den Menschen gibt, kann immer nur das Ideal des Guten, Wahren und Schönen sein, mit dem vollen Bewußtsein, daß dasselbe keine feste Größe und daß es mit dem Fortschritte des Menschen selber fortschreitet. Wer aber nur auf das Wohl seiner Mitmenschen bedacht, der darf gar nicht die höchsten und strengsten Anforderungen weder an sich selbst noch an Andere stellen. Ja, man darf umgekehrt sagen, daß das Erste die Liebe zum Ideal, erst das Zweite die Liebe zu den Menschen sein soll. Wer z. B. die Menschen für eine große Wahrheit begeistern will, wird dies in erster Linie aus Liebe zur Wahrheit thun, und, ist er ein wahrhaft heroischer Mensch, so wird er auch dann seine Ueberzeugung laut verkünden, gesetzt er sähe voraus, daß er die Menschheit in sich einander heftig bekämpfende Parteien zerspaltete. Es ist kein superiorer Standpunkt, die hohen Manifestationen des menschlichen Geistes nur als Mittel zu betrachten, Gefühlszustände im Menschen hervorzurufen. Sollte die entgegengesetzte Auffassung nicht die richtigere und größere sein, daß die Natur den Menschen hauptsächlich als Mittel benützt, um jene hohen Manifestationen zu ermög= lichen? Es scheint der Natur allerdings nicht auf das Glück des Menschen anzukommen, wohl aber strebt sie durch ihn eine ideale Ordnung zu schaffen (Moral), über sich selbst mehr und mehr zur Klarheit zu gelangen (Forschung) und sich vermittelst des menschlichen Geistes zu vervollkommnen (Kunst). Doch vermag sie auf anderen Himmelskörpern durch höhere Wesen vielleicht höhere Wirkungen hervorzubringen, läßt den Menschen vielleicht selbst in eine höhere Ordnung übergehen.

Keinesfalls darf die Menschheit also als Être-Suprême aufgefaßt, noch auch darf das Wohl der Menschheit als höchstes Ziel des Strebens des Individuums hingestellt werden.

Wir haben somit auf die Grundmängel des Comte'schen Religionssystems hingewiesen. Dasselbe entspricht kaum in einer Richtung der Idee eines vollkommeneren Religions= ersatzes. Doch ist das „Système de politique positive", wenn auch ein verfehltes, so doch ein höchst merkwürdiges Werk, das nirgends das Genie seines Urhebers verleugnet.

III.

Wie schon aus dem vorhin gegebenen Citate hervorgeht, hielt auch J. St. Mill eine Menschheitsreligion für einen geeigneten Ersatz der übernatürlichen Religion. Auch aus seinem Aufsatze „Die Nützlichkeit der Religion" (deutsch von Lehmann) lassen sich Belege für diese seine Anschauung beibringen.

Mill hat wiederholt den Versuch gemacht, den Inhalt des Begriffes Religion zu analysiren. So lesen wir in dem Werke über Comte*): „Es muß einen Glauben oder eine Ueberzeugung geben, deren Autorität sich über das gesammte menschliche Leben erstreckt; einen Glaubenssatz oder eine Reihe

---

*) p. 95 (deutsche Ausgabe).

von solchen in Betreff der Pflicht und Bestimmung des Menschen, denen alle Handlungen des Gläubigen, wie dieser in seinem Innern anerkennt, untergeordnet sein sollten; und ferner muß es ein Gefühl geben, das mit diesem Glauben verbunden ist, oder an das er appelliren kann und das stark genug ist, um demselben thatsächlich jene Autorität über die Handlungen der Menschen zu verleihen, welche er in der Theorie beansprucht." Wenn Mill ferner in dem schon genannten Aufsatze „Die Nützlichkeit der Religion" bemerkt*): „Das Wesen der Religion ist die starke und concentrirte Richtung unserer inneren Regungen und Wünsche auf einen idealen Gegenstand von anerkannt höchster Vortrefflichkeit, welcher mit Recht über allen Gegenständen unserer selbstischen Wünsche steht. Diese Bedingungen erfüllt die Religion der Menschheit in ebenso hohem Grade, in einem ebenso hohen Sinne wie die übernatürliche Religion selbst in ihren besten und weit besser als in einer ihrer anderen Manifestationen," so wird der Leser aus dieser Auffassung des Wesens der Religion begreifen, weßhalb Mill in der Frage eines höheren Ersatzes der übernatürlichen Religion nicht über Comte hinauskam.

Immerhin hat der englische den französischen Denker in einigen Punkten corrigirt. So sagt Mill in Bezug auf Comtes zuweit getriebenen Altruismus sehr richtig: „Comte hat, wie wir denken, die eigentliche Aufgabe einer Lebensregel **ganz und gar mißverstanden**. Er verfiel in jenen Irrthum, den man häufig, wiewohl mit Unrecht, der ganzen Klasse der Utilitarier vorwirft; er wollte nämlich, **daß der Prüfstein des Verhaltens zugleich auch der einzige Beweggrund desselben sei**". Mit Recht hebt Mill ferner hervor, daß das altruistische Handeln nur dann die

---
*) p. 92.

Summe des Menschenglücks vermehren könne, wenn es freiwillig geschieht, daß aber jeder Zwang in dieser Hinsicht einen inneren Widerspruch in sich berge.*) Ebenso bemerkt Mill vollkommen richtig, daß es das Maß der persönlichen Genüsse doch zu sehr schmälern heißt, wenn man sie auf das zur Existenzerhaltung Erforderliche herabsetzt. Doch scheint uns auch Mill in seiner Beschränkung der persönlichen Genüsse viel zu weit zu gehen, wenn er sagt**): „Die Versittlichung der persönlichen Genüsse besteht für uns nicht darin, daß man sie auf das möglichst kleine Maß beschränkt, sondern in der Ausbildung des Wunsches, sie mit allen Anderen zu theilen und darin, **daß man jeden Genuß verschmäht**, der sich nicht in dieser Weise theilen läßt." Welch' ein Gedanke! Dann müßten die auserlesenen Naturen die ihnen allein zugänglichen Genüsse verschmähen, ihre hohen Stimmungen und sublimen Gedanken unterdrücken, weil sie nicht von der Allgemeinheit können mitgenossen werden. Sehr vortheilhaft unterscheidet sich dagegen folgende Stelle bei Mill von Comte's blinder Verherrlichung des Altruismus***): „Eine auf große und weise Anschauungen des allgemeinen Besten begründete Sittlichkeit, welche weder den Einzelnen der Gesammtheit noch die Gesammtheit dem Einzelnen opfert, sondern sowohl der Pflicht auf der einen, als der Freiheit und Spontaneität auf der anderen Seite ihr eigenes Gebiet anweist, würde ihre Macht in höheren Naturen aus Sym=

---

*) p. 104. „Von (wohlthätigen) Handlungen kann es offenbar nie genug geben, so lange die Betreffenden durch keinen äußern Druck dazu genöthigt werden. Allein eben diese Freiwilligkeit ist eine unerläßliche Bedingung. Denn das durch die Selbstaufopferung jedes Einzelnen herbeigeführte Glück Aller wird zu einem inneren Widerspruch, sobald die Selbstverleugnung wirklich als ein Opfer empfunden wird."

**) August Comte und der Positivismus, p. 103.

***) p. 92.

pathie, Wohlwollen und der Leidenschaft für ideale Vortrefflichkeit, in geringeren Naturen aus nach dem gleichen Maße ihrer Fähigkeiten entwickelten Gefühlen, zu denen noch die Scham hinzutreten würde, schöpfen."

In dem Aufsatze „Die Nützlichkeit der Religion" hat Mill ganz offenbar mit allen Bestandtheilen und Wahngebilden eines übernatürlichen Glaubens gebrochen. Auf die Einwendung, daß bei der Begrenztheit des irdischen Lebens sich keine erhabenen Gefühle an dasselbe knüpfen lassen, antwortet er*): „Man vergesse nicht, daß, wenn auch das Leben des Einzelnen kurz ist, das Leben der Menschheit nicht kurz ist; seine unbestimmte Dauer läuft faktisch auf Unbegrenztheit hinaus und in seiner Verbindung mit einer unbestimmten Fähigkeit der Vervollkommnung bietet es der Einbildungskraft und der Sympathie ein hinreichend großes Feld, um jedem billigen Anspruche auf Erhabenheit anzustrebender Ziele zu genügen. Wenn ein solches Feld einem an Träume von unendlicher und ewiger Glückseligkeit gewöhnten Geiste klein erscheint, so wird es doch ganz andere Dimensionen annehmen, wenn jene grundlosen phantastischen Vorstellungen einmal der Vergangenheit angehören werden." Er gibt hier ferner auch der Ueberzeugung Ausdruck, daß der Mensch, je vollkommener er sein Leben gestalten, um so eher sich mit demselben begnügen und um so weniger nach Unsterblichkeit sich sehnen wird**).

---

*) p. 89.

**) p. 103. „Es scheint mir nicht nur möglich, sondern wahrscheinlich, daß in einem höheren und vor Allem in einem glücklicheren Zustande des Lebens nicht Vernichtung, sondern Unsterblichkeit eine uns bedrückende Vorstellung sein würde, und daß die menschliche Natur, wenn auch befriedigt durch die Gegenwart und durchaus nicht ungeduldig sie zu verlassen, Trost und nicht Betrübniß in dem Gedanken

Es ist zu bedauern, daß Mill dem Unsterblichkeits=
phantasma gegenüber nicht immer dieselbe männliche Haltung
bewiesen hat, wie es in jener Abhandlung geschieht. In dem
Essay über den Theismus, dem letzten seiner Aufsätze über
Religion, läßt er sich über den fraglichen Punkt ganz anders
vernehmen. „Die wohlthätige Wirkung einer solchen Hoff=
nung (nämlich einer Jenseitshoffnung), heißt es hier, ist
keineswegs gering zu achten. Sie macht das Leben und die
menschliche Natur zu etwas viel Bedeutenderem für unsere
Gefühle und gibt allen Empfindungen, die durch unsere
Nebenmenschen und die ganze Menschheit in uns erweckt wer=
den, eine viel größere Stärke. Sie befreit uns von der
Empfindung einer Ironie der Natur, welche uns so peinlich
ergreift, wenn wir die Anstrengungen und Opfer eines Le=
bens in der Ausbildung eines edlen und weisen Geistes nur
dazu gipfeln sehen, um die Welt in dem Augenblicke zu ver=
lassen, wo sie im Begriffe steht, die Früchte dieses Lebens zu
ernten;"*) und an einer andern Stelle sagt Mill, daß der
Religion der Moral durch übernatürliche Hoffnungen ein
größerer Einfluß auf das menschliche Gemüth gesichert wer=
den könnte**), Aussprüche, die einen höchst unangenehmen
Gegensatz zu der Haltung bilden, die Mill in dem Essay
„Die Nützlichkeit der Religion" zeigt, und die wir lebhaft
bedauern müssen.

---

finden würde, daß sie nicht für alle Ewigkeit an eine bewußte Existenz
gekettet wäre, von der sie nicht gewiß sein kann, daß sie sie immer er=
halten zu sehen wünschen würde."
*) p. 207.
**) p. 213.

IV.

Wir bemerkten bereits, daß zur selben Zeit, als der große französische Denker seine Menschheitsreligion formulirte, Ludwig Feuerbach in Deutschland lehrte, daß die wahre Religion in der Liebe des Menschen zum Menschen zu suchen.

„Die Liebe, welche keine geistliche oder spiritualistische Phrase, kein mit dem actus purus, dem reinen Denkakt der mittelalterlichen und modernen Scholastiker identische, eben deswegen nur Gedankenliebe ist, die wirkliche, wahre, menschliche Liebe ist wesentlich pathologische, d. h. von den materiellen, wirklichen Leiden der Menschheit ergriffene Liebe, und diese Liebe ist der Gott, der die Welt in Wahrheit regiert."*) Und in den „Grundsätzen einer Philosophie der Zukunft" lesen wir: „Das Sein ist ein Geheimniß der Anschauung, der Empfindung, der Liebe. Nur in der Empfindung, nur in der Liebe habe „Dieses", diese Person, dieses Ding, d. h. das Einzelne absoluten Werth, ist das Endliche das Unendliche, darin und nur darin — besteht die unendliche Tiefe, Göttlichkeit und Wahrheit der Liebe. In der Liebe allein ist der Gott, der die Haare auf dem Haupte zählt, Wahrheit und Realität."

Wir wiesen schon früher auf den Unterschied hin, der zwischen Comte's Menschheits- und Feuerbach's Liebesreligion besteht: bei Comte das durch Reflektion geweckte und verstärkte Wohlwollen, bei Feuerbach der unmittelbar aus dem Herzen kommende Affekt. Jedoch harmoniren beide Denker darin, daß beide im Altruismus das Wesen der Religion erblicken.

Auch in anderer Hinsicht zeigen sich Uebereinstimmungen in den Anschauungen beider Denker. So hat gleichzeitig mit

---

*) W. X. p. 118.

Comte auch Feuerbach das Gesetz der drei Geistesphasen, für das Individuum wenigstens, betont in dem Ausspruche: "Gott war mein erster Gedanke, die Vernunft mein zweiter, der Mensch mein dritter und letzter Gedanke." Ebenso wie Comte will daher der deutsche Denker alle Dinge auf den Menschen bezogen wissen, gibt es auch für ihn nichts Höheres als die Menschheit, ist auch für ihn nur der sociale Mensch ein Mensch. So lesen wir in den "Grundsätzen der Philosophie der Zukunft": "Der einzelne Mensch für sich hat das Wesen des Menschen nicht in sich, weder in sich als moralischem, noch in sich als denkendem Wesen, das Wesen des Menschen ist nur in der Gemeinschaft, in der Einheit des Menschen mit dem Menschen enthalten — eine Einheit, die sich nur auf die Realität des Unterschiedes von Ich und Du stützt." "Einsamkeit ist Endlichkeit und Beschränktheit, Gemeinschaftlichkeit ist Freiheit und Unendlichkeit. Der Mensch für sich ist Mensch (im gewöhnlichen Sinne), der Mensch mit Mensch d. h. die Einheit von Ich und Du ist Gott."

Es ist bei den zahlreichen Berührungen, die zwischen Feuerbach und Comte bestehen, zu verwundern, daß C. N. Starcke, Feuerbachs berufener Darsteller und Interpret, in seinem jüngst erschienenen Werke nicht nur unterlassen hat, eine eingehende Parallele zwischen beiden Denkern zu ziehen, sondern den Namen Comte in seinem Werke auch nicht einmal erwähnt.

Indem Feuerbach das Wesen der Religion in der Liebe sieht, gelangt er dazu, alle Moral auf das Identitätsgefühl, auf die natürliche Liebe des Menschen zum Menschen zu begründen. Nicht in der Unterwerfung unter das Sittengesetz, unter die Mahnung jener Stimme, welche dem Menschen "du sollst" zuruft, sondern in der Achtung vor dem Mitmenschen bestehe das Wesen der Moral. Feuerbachs Liebe ist im Grunde nichts Anderes, als Schopenhauer's Mitleid, und unterscheidet sich ebenso wie dieses von Comte's Altruismus. Beide Denker, Schopenhauer und Feuerbach, befinden sich hier in derselben oppositionellen Stellung gegen Kant und beide irren in ihrer Opposition.

Beide gehen zunächst von der falschen Anschauung aus, als handle es sich in der Moral nur um das Verhältniß von Mensch zu Mensch, während doch auch das Verhältniß des Menschen zur eigenen Persönlichkeit, sowie das zur Idee, zur Wahrheit, welches durch das intellektuelle Gewissen bezeichnet wird, in Betracht kommt. Das intellektuelle Gewissen kann uns aber unter Umständen zur Härte, ja zur Grausamkeit gegen die Mitmenschen bestimmen, und doch ist der Moral ihr Recht geschehen. Aber auch dann, wenn es sich darum handelt, dem Mitmenschen einen Nutzen zu gewähren, oder ihn vor Schaden zu hüten, werden, wenn unsere Handlungen wirklich moralischen Werth besitzen sollen, die Gefühle der Achtung, der Sympathie, der Liebe immer nur eine secundäre Rolle spielen dürfen, während das primum mobile etwas von jenen Gefühlen ganz Unabhängiges sein muß. Es ist jene innere Stimme, jenes Bewußtsein, welches auch dann seine Macht über uns geltend macht, wenn es sich darum handelt, etwas gegen unsern Willen zu thun, unsere eigenen glühendsten Wünsche fremdem Interesse unterzuordnen, uns völlig gleichgültige Menschen zu fördern, unsern Feinden Gerechtigkeit widerfahren zu lassen; es ist jenes nur allmählich im Menschen erwachende, a priori gegebene Bewußtsein einer höheren idealen Ordnung, die der Mensch in Wirklichkeit umsetzen soll; es ist der allmählich zum Durchbruch gelangende Sinn für Gleichgewicht und Harmonie der menschlichen Interessen, ein Sinn, der dem ästhetischen Trieb nicht nur verwandt, sondern im Grunde ein und dasselbe mit ihm ist. Um so schöner, um so menschlicher, wenn wir unsere moralischen Handlungen zugleich mit Sympathie für die Personen, auf die sie sich beziehen, vollführen können, doch darf die Sympathie nie das eigentlich bestimmende Motiv werden, wenn anders unsere Handlungen moralischen Werth besitzen sollen.

Auch mit Feuerbach's Begründung der Moral auf das **fremde Glückseligkeitsbedürfniß** können wir uns nicht für einverstanden erklären. Wir müssen wiederholen, was wir soeben gesagt: daß es sich in der Moral nicht nur um das Verhältniß von Mensch zu Mensch, sondern auch um das zum eigenen Ich und zur Wahrheit handelt, und daß uns das intellektuelle Gewissen zu Handlungen führen kann, welche nichts weniger als das Wohl der Mitmenschen zur Folge haben. Es ist allerdings unbestreitbar, daß mit der Verschärfung des moralischen Gefühls im Verhältniß von Mensch zu Mensch viel Leid und Elend, welches bei dem jetzigen tiefen Stande der Kultur besonders in den niederen Volksschichten die Folge von Roheit und Zügellosigkeit, (wir erinnern hauptsächlich an die elende Lage der Frauen) ein Ende nehmen würde; andererseits aber bedenke man, um wie viel ernster, strenger, schwieriger sich das Leben gestalten würde, wenn ein jeder höhere sittliche Anforderungen an sich selbst und an Andere stellen würde, wenn jeder sich streng überwachte und mit der Riesenmacht des Egoismus im ständigen Kampfe läge!

Mag also eine vollkommenere Moral nach einer gewissen Richtung immerhin im Stande sein, das Glück der Gesellschaft zu fördern, so wird sie dasselbe nach einer anderen eher vermindern, woraus folgt, daß die Glückseligkeit nicht Ziel und Zweck der Moral sein kann.

Der Vorzug von Feuerbach's neuer Lehre vor derjenigen Comte's besteht nun darin, daß er den Menschen, den Comte der Natur wie etwas Fremdem gegenüberstellt, innig mit ihr verbindet und so dem in der Religion zum Ausdruck gelangenden Abhängigkeitsgefühl ein haltbares Vorstellungssubstrat gibt. „Die neue Philosophie, sagt er, macht den Menschen mit Einschluß der Natur als der Basis des Menschen, zum alleinigen, universellen, höchsten Gegenstand der Philosophie." Durch diese Darstellung des Verhältnisses von Natur und Mensch ist in der That der Ausgangspunkt gewonnen, dessen ein Religionsersatz nothwendig bedarf. Der Mensch ist nichts von der Natur Isolirtes, sondern muß in innigem Zusammenhange mit ihr betrachtet werden. Ob wir uns auf dem materialistischen oder idealistischen Standpunkte befinden, so müssen wir den Menschen als höchstes Glied einer langen Entwicklungsreihe fassen. Man braucht daher den materialistischen Standpunkt Feuerbach's keineswegs zu theilen, um seine feste Eingliederung des Menschen in die Natur gutzuheißen. Gesetzt auch man betrachtet mit Kant alle Vorgänge und Dinge und mit ihnen auch den Menschen als Erscheinung, so muß man doch zugeben, daß gewisse Erscheinungen vorangehen mußten, damit andere eintreten konnten, daß die Erscheinung Mensch z. B. eine unübersehbare Menge anderer Erscheinungen voraussetzt, so daß also im Verhältniß der Erscheinungen zu einander ein Gesetz sich ausprägt, welches von uns völlig unabhängig ist, von dem aber wir unsrerseits selbst ganz und gar abhängig sind.

Für Feuerbach sind die verschiedenen Dinge verschiedene Werkzeuge der Natur, mit welchen sie verschiedene Ziele verfolgt, der Mensch aber ist hinsichtlich seiner höchsten Anlagen ihr höchstes Werkzeug. Das kann jedoch nur für den Schauplatz und Wahrnehmungsbereich des Menschen gelten, während nicht nur auf andern Himmelskörpern höhere Organisationen gedacht werden können, sondern der Mensch selbst möglicherweise in eine höhere Ordnung übergehen wird. Feuerbach verfällt, indem er den Menschen schlechthin als höchsten Typus hinstellt, in denselben Fehler wie Comte. Wohl aber ist, wie bemerkt, der Mensch auf seiner näheren Bühne das höchste Werkzeug der Natur, und es liegt ein mächtiger Antrieb und Sporn in dem Gedanken, daß die Natur selbst ihm die heilige Aufgabe gestellt, jene Fähigkeiten und Kräfte zu entwickeln, die er, soweit er um sich blickt, allein besitzt, und daß er nur dann die Stimme der Natur versteht und ihren Willen erfüllt, wenn er sein menschlich-Eigenstes zur Darstellung bringt.

Feuerbach hat jedoch von den Gefühlen, welche der Mensch in der Religion dem Allgemeinen gegenüber empfindet, nur das der Abhängigkeit auf eine Verstand und Gemüth in gleicher Weise befriedigende Art begründet und dadurch der Moral sowie jedem Vervollkommnungsstreben einen festen Anknüpfungspunkt gegeben, wogegen er weder das Gefühl der Ehrfurcht vor dem das Individuum überragenden Weltganzen, noch das Vertrauen in die letzten Weltmächte, — gleichgiltig ob man sich dieselben als Dispositionen in der gestaltlos gedachten Urmaterie oder als etwas Unnennbares, hinter den Erscheinungen Waltendes denkt — betont.

Dies thut D. Fr. Strauß, wenn auch in unvollkommener und mattherziger Weise, in seinem letzten Werke. Gleichwohl wird man folgende Stelle immer berücksichtigen müssen wie man auch sonst über das Buch denken mag. Wir geben die Stelle ganz wieder: „Wir nehmen in der Natur gewaltige Gegensätze, furchtbare Kämpfe wahr, aber wir finden, daß durch sie der Bestand und Einklang des Ganzen nicht gestört, im Gegentheil erhalten wird. Wir nehmen weiterhin einen Stufengang, eine Hervorbringung des Höheren aus dem Niedrigen, des Feinen aus dem Groben, des Milden aus dem Rohen wahr. Und deshalb finden wir uns in unserm persönlichen wie in unserm geselligen Leben desto mehr gefördert, je mehr es uns gelingt, auch in uns das willkürlich

Wechselnde der Regel zu unterwerfen, aus dem Niedrigen das Höhere, aus dem Rohen das Zarte zu entwickeln. Dergleichen nennen wir, wenn wir es im Kreise des menschlichen Lebens antreffen, vernünftig und gut. Das Entsprechende, das wir in der Welt um uns her wahrnehmen, können wir nicht umhin, ebenso zu nennen. Und da wir uns übrigens von dieser Welt schlechthin abhängig fühlen, unser Dasein wie die Einrichtung unseres Wesens nur von ihr herleiten können, so werden wir sie und zwar in ihrem Vollbegriff oder als Universum, auch als die Urquelle alles Vernünftigen und Guten betrachten müssen. Daß das Vernünftige und Gute in der Menschenwelt vom Bewußtsein und Willen ausgeht, daraus hat die alte Religion geschlossen, daß auch das, was sich in der Welt im Großen Entsprechendes findet, von einem bewußten und wollenden Urheber ausgehen müsse. Wir haben diese Schlußweise aufgegeben, wir betrachten die Welt nicht mehr als das Werk einer absolut vernünftigen und guten Persönlichkeit, wohl aber als die Werkstätte des Vernünftigen und Guten. Sie ist uns nicht mehr angelegt von einer höchsten Vernunft, aber angelegt auf eine höchste Vernunft. Da müssen wir freilich was in der Wirkung liegt, auch in die Ursache legen; was herauskommt, muß auch drinnen gewesen sein. Das ist aber nur die Beschränktheit unseres menschlichen Vorstellens, daß wir so unterscheiden; das Universum ist ja Ursache und Wirkung, Aeußeres und Inneres zugleich. Es ist mithin dasjenige, wovon wir uns schlechthin abhängig fühlen, mit Nichten eine rohe Uebermacht, der wir mit stummer Resignation uns beugen, sondern zugleich Ordnung und Gesetz, Vernunft und Güte, der wir uns mit liebendem Vertrauen ergeben. Und noch mehr: da wir die Anlage zu dem Vernünftigen und Guten, die wir in der Welt zu erkennen glauben, in uns selbst wahrnehmen, und als die Wesen finden, von denen empfunden, erkannt, in denen es persönlich werden soll, so fühlen wir uns demjenigen, wovon wir uns abhängig finden, zugleich im Innersten verwandt und wir finden uns in der Abhängigkeit zugleich frei, — in unserm Gefühl für das Universum mischt sich Stolz mit Demuth, Freudigkeit mit Ergebung."

Doch sind die an dieser Stelle ausgedrückten Hauptgedanken erst von Julius Duboc einerseits, von E. Dühring andererseits weiter ausgeführt und tiefer begründet worden.

V.

Wir werden nun verschiedene hierhergehörige Versuche berücksichtigen, zu welchen wir uns durchaus negativ verhalten müssen.

Nennen wollen wir wenigstens als Schriftsteller, die sich mit unserem Problem beschäftigten, Dr. Löwenthal und Dr. E. Reich. Doch sind beide zu wenig bedeutende Erscheinungen, als daß wir uns näher mit ihnen zu beschäftigen brauchen. Bemerkenswerth ist, daß Dr. Reich stark von Comte beeinflußt ist, wenn auch nicht in einem höheren Sinne. Seine „Kirche der Menschheit"*) gehört vielmehr zu dem Plattesten, was je ersonnen wurde.

Wir müssen nun auf A. F. Lange's Ansicht näher eintreten, der zufolge das Christenthum zwar aufrecht erhalten, jedoch sensu allegorico statt sensu proprio gefaßt werden soll. „Es gibt nur zwei Wege, sagt Lange**) (in Bezug auf die Zukunft der Religion), welche auf die Dauer ernstlich in Frage kommen, nachdem sich gezeigt hat, daß bloße Aufklärung im Sande der Flachheit verläuft, ohne doch je von unhaltbaren Dogmen frei zu werden. Der eine Weg ist völlige Auf=

---

*) Neuwied 1872.
**) Geschichte des Materialismus (2. Auflage) Bd. II. p. 546.

hebung und Abschaffung aller Religion und die Uebertragung ihrer Aufgaben auf den Staat, die Wissenschaft und die Kunst, der andere ist das Eingehen auf den Kern der Religion und die Ueberwindung alles Fanatismus und Aberglaubens durch die bewußte Erhebung über die Wirklichkeit und den definitiven Verzicht auf die Verfälschung des Wirklichen durch den Mythus, der ja nicht dem Zwecke der Erkenntniß dienen kann. Der erste dieser Wege führt die Gefahr geistiger Verarmung mit sich; der zweite hat mit der großen Frage zu schaffen, ob nicht gerade jetzt der Kern der Religion in einer Wandlung begriffen wäre, welche es schwer macht, ihn mit Sicherheit zu erfassen. Aber das zweite Bedenken ist das geringere, weil gerade das Prinzip der Vergeistigung jeden durch die Culturbedürfnisse der fortschreitenden Zeit bedingten Uebergang erleichtern und friedlicher gestalten muß."

„So lange man den Kern der Religion suchte in gewissen Lehren über Gott, die menschliche Seele, die Schöpfung und ihre Ordnung, konnte es nicht fehlen, daß jede Kritik, welche damit begann, nach logischen Grundsätzen die Spreu vom Weizen zu sondern, zur vollständigen Negation gelangen mußte. Man sichtete, bis nichts mehr übrig blieb. — Erblickt man dagegen den Kern der Religion in der Erhebung der Gemüther über das Wirkliche und in der Erschaffung einer Heimath der Geister, so können die geläutertsten Formen noch wesentlich dieselben psychischen Prozesse hervorrufen, wie der Köhlerglaube der Menge und man wird mit aller philosophischen Verfeinerung der Ideen niemals auf Null kommen. Man gewöhne sich also, dem Prinzipe der schaffenden Idee an sich ohne Uebereinstimmung mit der historischen und naturwissenschaftlichen Erkenntniß, aber auch ohne Verfälschung derselben einen höheren Werth beizulegen als bisher; man gewöhne sich, die Welt der Ideen für gleich unentbehrlich zu jedem menschlichen Fortschritte zu betrachten, wie die Erkenntniß des Verstandes, indem man die größere oder geringere Bedeutung jeder Idee auf ethische oder ästhetische Grundlagen zurückführt." — Es ist ja mancher Satz in dieser Stelle, den man ohne Weiteres wird unterschreiben können. Vollständig irrig aber ist vor Allem die Behauptung, es gebe in Bezug auf die Zukunft der Religion nur die beiden Wege: Abschaffung derselben und infolge dessen geistige Verarmung oder Beibehaltung ihrer Vorstellungen und Formen mit dem vollen Bewußtsein, daß dieselben nur symbolisch zu fassen. Lange entscheidet sich für den letzteren, aber wir halten ihn für ebenso verfehlt, wie den ersteren, welchen auch Lange verwirft.

Das πρῶτον ψεῦδος jener Anschauung ist eben die Behauptung, daß das Wesen der Religion in der Erhebung des Geistes über die Wirklichkeit bestehe. Obwohl ja zugestanden werden muß, daß dieser psychische Prozeß eine große Rolle in der Religion spiele, so darf er doch nicht schlechthin zum Wesen derselben gemacht werden, wenn man nicht etwa Religion mit einer einseitigen Auffassung der Poesie identifiziren will, — eine Gleichstellung, die jedoch völlig unzulässig. Die Thatsache, daß jeder religiöse Bekenner im Besitze der einzig wahren Offenbarung zu sein glaubt, ist der klarste Beweis, worauf es bei der Religion ankommt. Nicht Erhebung über die Wirklichkeit, — obwohl derselben, wie wir bereits bemerkten, eine große Bedeutung in der Religion zukommt — sondern tiefste Ueberzeugung, felsenfester Glaube, unerschütterliches Vertrauen zu Vorstellungen, welche in den Augen des Gläubigen die höchsten sind, bilden das Wesen der Religion. Jede Religion ist ein unvollkommener Versuch, die Welt zu deuten und auszulegen, eine vorläufige Beantwortung der Fragen nach dem Ursprung der Dinge, nach dem Sinne der Wirklichkeit und nach der Endbestimmung des Menschen. Die Antworten, welche seine Religion auf diese Fragen gibt, bilden die Weltanschauung des Gläubigen, an der er festhält, von deren Wahrheit er erfüllt ist, ist er auch unfähig, sie zu begreifen. Wenn nun das Vertrauen zu diesen Vorstellungen aufhört, wenn der frühere Bekenner einsieht, daß dieselben nur sensu allegorico zu nehmen, wie wird er sich dann zu ihnen verhalten, werden sie wirklich noch eine in sein Leben einschneidende Bedeutung haben?

Bevor wir jedoch diese Frage beantworten, wollen wir die Beispiele prüfen, die Lange anführt, um zu beweisen, daß die Gebildeten von jeher eine der seinen ähnliche Auffassung der Religion gehabt, das Volk diesen Sachverhalt wenigstens dunkel geahnt habe.

Erstes Beispiel: „Wenn dieser Sachverhalt nicht klar im Bewußtsein der Weisen und wenigstens in Ahnungen auch im Bewußtsein des Volkes gelegen hätte, wie hätten sonst in Griechenland und Rom der Dichter, der Bildhauer es wagen dürfen, den Mythus lebendig fortzugestalten, dem Ideale der Gottheit neue Formen zu geben?"

Es ist hierauf zu erwidern, daß die Griechen allerdings früh begonnen haben, ihre Götter als Phantasiegebilde zu betrachten. Doch war eben ihre Ungläubigkeit nicht zum geringsten Theile Schuld an ihrem frühzeitigen Ruin, ein Umstand, der den schlagendsten Beweis gegen die Richtigkeit der Anschauung unseres Philosophen bildet, daß die Religion noch einen Halt bieten könne, wenn sie nur mehr als allegorisch-symbolische Dichtung gefaßt wird. Ein Volk, dem seine Götter nicht mehr ein Gegenstand gläubiger Verehrung zu sein vermögen, bedarf eben eines Ersatzes der Religion durch vertrauenswürdigere Vorstellungen und Ideale.

Zweites Beispiel: „Daher auch der Werth, den wahrhaft fromme Gemüther stets auf das innere Erfahren und Erleben als Beweis des Glaubens gelegt haben. Viele dieser

Gläubigen, die ihren Seelenfrieden einem inbrünstigen Ringen im Gebet verdanken und mit Christus als mit einer Person geistigen Umgang pflegen, wissen theoretisch recht gut, daß dieselben Gemüthsprozesse auch bei völlig anderen Glaubenslehren, ja, unter den Anhängern gänzlich fremder Religionen sich mit demselben Erfolge und mit derselben Bewährung wiederfinden. . . . Wird da nicht deutlich, daß das Wesen der Sache in der Form des geistigen Prozesses und nicht im logisch=historischen Inhalt der einzelnen Anschauungen und Lehren? Dieses Vorwalten der Form im Glauben verräth sich auch in dem merkwürdigen Zuge, daß die Gläubigen verschiedener, ja einander feindlicher Confessionen mehr mit einander übereinstimmen, mehr Sympathie mit ihren eifrigsten Gegnern verrathen, als mit denjenigen, die sich für die religiösen Fragen gleichgiltig zeigen."

Dagegen läßt sich einwenden, daß, wenn Bekenner einer Religion mit Andersgläubigen Sympathie zeigen, dieselbe doch stets von dem Gefühle begleitet ist, daß die Andersgläubigen Irrende wären und, wenn sie ihre religiöse Erhebung auch achten, sie doch zugleich wegen ihres falschen Gottes bemitleiden. Wenn ferner Gläubige mit Andersgläubigen mehr Sympathie fühlen, als mit Ungläubigen, so erklärt sich das daraus, daß sie die ersteren doch für Suchende und Strebende halten, denen nur der w a h r e Glaube begreiflich gemacht zu werden brauchte, damit sie zu demselben übergingen. Daß Bekenner einer Religion Andersgläubige zu ihrem Glauben zu b e k e h r e n suchen, ist der deutlichste Beweis, daß es dem Gläubigen nicht nur auf die Erhebung des Geistes, sondern auf den Gegenstand, zu dem er sich erhebt, ankommt.

Schließlich beruft sich unser Philosoph auf jene Männer mit hervorragender Begabung und gediegener Bildung, die im Gegensatze zu spöttelnden Flachköpfen an der Religion festhalten, „weil sie von Jugend auf ein reiches Gemüthsleben geführt haben und mit tausend Wurzeln der Phantasie, der Erinnerung an geweihte schöne Stunden sich an den vertrauten Boden anklammern." Allein wir können in dieser Anhänglichkeit aufgeklärter Männer an die Religion nichts anderes als eben ein Zeichen sehen, daß der Mensch in der That eines festen Vertrauens bedarf, ein Verlangen, das den Aufgeklärten den Gläubigen beneiden läßt, um so mehr, je weniger er selbst dazu gelangt ist, sich einen vollkommeneren Religionsersatz zu schaffen. Würde man Männern, wie Lange sie denkt, jedoch zumuthen, sich ernstlich mit christlichen Vorstellungen, dieselben symbolisch betrachtet, zu beschäftigen, so würden sie sich dessen für unfähig erklären. Der Grund ist, daß religiöse Vorstellungen, sobald sie nicht mehr gläubig hingenommen werden, sehr bald alles Gewicht verlieren.

Denn, sollen wir an alten symbolischen Vorstellungen festhalten, so müssen dieselben erstens einen tieferen Sinn enthalten, zweitens in wahrhaft poetischer Form ausgedrückt sein. Die Wahrheit aber ist, daß keine Religion, von einigen ethischen Vorschriften abgesehen, haltbare Ideen bietet und daß die meisten ihrer Vorstellungen, geht man denselben auf den Grund, sich als unpoetisch und roh erweisen.

Und wie wäre es denn möglich, die Religion in der Form, wie Lange sie denkt, aufrecht zu erhalten? Entweder läßt sich durch Vorstellung von, wenn auch noch so ehrwürdigen, Symbolen, ein religiöses Gefühl überhaupt nicht hervorbringen, oder es würde dasselbe sehr bald entweder allen Halt verlieren oder in den „Buchstabenglauben" übergehen. Räumt doch Lange selbst ein: „ohnehin haftet der Ideologie gar zu leicht das Gift des Buchstabenglaubens an, das Symbol wird unwillkürlich und allmälig zum starren Dogma, wie das Heiligenbild zum Götzen."

Ist Lange's Auffassung der Religion, welche er mit der Dichtung identifizirt, eine irrige, so ist seine Anschauung vom Wesen der Dichtung selbst, wenn er dasselbe als Erhebung über die Wirklichkeit bezeichnet, eine einseitige. Kein Wunder, daß bei dieser Fassung des Begriffes Poesie Schiller's Dichtung Lange's höchstes Ideal zu sein scheint, während dieselbe kein letztes Muster ist. Kann die tiefste und nachhaltigste Wirkung doch nur immer jene Dichtung hervorbringen, in welcher Realismus und Idealismus sich das Gleichgewicht halten.

Sympathisch berührt Lange's edles Mitgefühl, mit dem er sich der Armen und Elenden annimmt, und er betont, wenn er auch keine vollkommene Abhilfe vorschlägt, zwei wichtige Momente, wenn er sagt: „wenn ein Neues aus dem Alten werden soll, müssen sich zwei große Dinge vereinigen, eine weltentflammende **ethische Idee** und eine **sociale Leistung**, welche mächtig genug ist, die niedergedrückten Klassen eine große Stufe emporzuheben."

VI.

Zu den bemerkenswerthen Bemühungen, das uns beschäftigende Problem zu lösen, zählt auch Friedrich Nietzsche's originelles Buch: „Also sprach Zarathustra".*) Es ist gar nicht daran zu zweifeln, daß der Verfasser, der in mancher Hinsicht eine exceptionelle Stellung unter den Schriftstellern unserer Tage einnimmt, mit diesem Werke ein neues Evangelium geschaffen zu haben glaubt. Strebt er doch sogar die Form und den Ton der heiligen Bücher wiederzugeben, was ihm, dem Meister der Form, allerdings vortrefflich gelingt.

Nietzsche's zahlreiche Werke sind bis jetzt von Publikum und Kritik in hohem Maße unbeachtet geblieben. Bekannt,

---

*) Chemnitz, 1883 und 1884.

ja, eine hochverehrte Persönlichkeit ist Nietzsche thatsächlich nur in gebildeten, musikalischen Kreisen und dies sowohl infolge einer langjährigen intimen Freundschaft mit Richard Wagner, als durch die Abhandlung: „Die Geburt der Tragödie aus dem Geiste der Musik", welche nach dem Urtheile der Kenner die genialste Darstellung des Geistes der Wagnerschen Musik enthält, und durch die glänzende Festschrift: „Richard Wagner in Bayreuth", die auch in's Französische übersetzt wurde. Im Uebrigen wird der Name Nietzsche wohl oft genannt, als ein großer anerkannt, ohne daß man immer wüßte, worauf dieser Ruhm sich gründe. Wir gestatten uns daher, bevor wir auf sein hier hauptsächlich in Frage kommendes Werk eingehen, einige allgemeine Bemerkungen über diesen Schriftsteller, sowie eine kurze Charakterisirung und Kritik seiner in früheren Werken niedergelegten Hauptgedanken, — eine Kritik, die freilich im Wesentlichen negativ ausfallen wird.

Nietzsche ist vor allem ein künstlerischer Geist, ein Poet, was Empfindung, Feinsinnigkeit, Anschauungskraft und harmonische Schönheit der Rede anbetrifft und als Stilist dürfte er nur wenig Ebenbürtige haben. Er besitzt ferner eine von allem Schablonenhaften entfernte Denkweise, eine erstaunliche Geistesfülle, einen großartigen Ueberblick über die verschiedenen Gebiete des Lebens, der Kunst und Wissenschaft und ein sehr bestimmtes, ja souveränes Urtheil.

Mit dieser Anerkennung dürfte Nietzsche jedoch kaum zufrieden sein. Es ist gewiß, daß er sich wenigstens seit dem Erscheinen seines Werkes „Menschliches Allzumenschliches" (1878) für einen Philosophen hält. Ist er dazu berechtigt, sind seine Werke philosophische Werke? Jedenfalls enthalten sie eine große Anzahl philosophischer Gedanken seine Sammlungen von längeren oder kürzeren Reflexionen und Aphorismen, die er unter den zum Theil paradoxen Titeln „Menschliches Allzumenschliches", „der Wanderer und sein Schatten", „Morgenröthe" und „die fröhliche Wissenschaft" herausgegeben hat, und in denen er, Gedanken von verschiedenstem Gewichte und Werthe meist ganz unmethodisch aneinanderreihend, fast alle wichtigeren Fragen berührt. Es ist in der That außerordentlich viel Geist in diesen Werken niedergelegt. Welchen Werth aber haben speziell die philosophischen Gedanken, die der Verfasser uns darin bietet? Da ist vor Allem zu bemerken, daß Nietzsche kaum ein Problem eingehend behandelt hat. Er gefällt sich darin, wo andere gearbeitet haben, in Winken und Andeutungen und geistreichen Bildern sich zu ergehen, er gefällt sich überhaupt mehr in der Rolle eines wissenschaftlichen Aufgabenstellers, als eines wissenschaftlichen Arbeiters. Ist er dazu berechtigt? Nach unserem Dafürhalten scheint seine Stärke doch hauptsächlich auf einem genialen Reproduktionsvermögen zu beruhen. Er besitzt die Ueberlegenheit des Ausdrucks und der Form, und in der That hat er durch manches treffende Wort, durch manche neue Bezeichnung, durch manches glückliche Bild Resultate der Forschung und Spekulation in einer neuen Beleuchtung gezeigt, wodurch er freilich oft zu einer Stellungnahme den eigentlichen Urhebern dieser Gedanken gegenüber gelangt, welche die Bescheidenheit vermissen läßt.

Daß es in seinen Werken aber auch nirgends an originellen Gedanken, an feinen psychologischen Analysen und genialen Lichtblitzen fehlt, kann nicht geleugnet werden. Im Allgemeinen läßt sich von seinen philosophischen Reflexionen sagen, daß die Behandlung der Probleme nicht mit ihrer Wichtigkeit harmonirt, daß Aussprüche ächter Weisheit mit nutzlosen Klügeleien und bedenklichen Sophistereien, Proben ächten Scharfsinnes mit Paradoxien und mitunter recht bedauerlichen Mißgriffen wechseln, und daß sich der Verfasser fast in jedem

Punkte widerspricht. Immerhin müssen wir besonders sein ungewöhnliches Reproduktionsvermögen auf philosophischem Gebiete bewundern. Doch zeigt sich die Grenze seiner philosophischen Begabung, sobald er sich daran begibt, letzte Aufgaben und Ziele aus eigener Einsicht festzustellen. Sofort offenbart sich dann ein auffallender Mangel an gesundem Sinn für die Wirklichkeit, an Befähigung, die richtige Mitte zu treffen.

Obwohl Nietzsche von gewissen modernen Gedankenströmungen ergriffen ist, steht er andererseits den praktischen Fragen des Lebens vollkommen ferne, ist ein extremer Idealist, wenn es wirklich Idealist sein heißt, der Wirklichkeit keine Rechnung zu tragen. Antike Ideale und Zustände schweben seinem Geiste vor, die keine Anwendung auf unsere Zeit finden, während er vielen der besten und edelsten zeitgenössischen Bestrebungen kalt gegenübersteht. Kein Wunder, wenn das Publikum auch ihm kalt gegenübersteht.

Seinen großen Mangel an Befähigung zu einer gerechten und richtigen Schätzung des Lebens und des Menschen hat er sogleich in seiner ersten philosophischen Schrift, „Schopenhauer als Erzieher"*) (1874) bewiesen, wo der Gesellschaft die Aufgabe gestellt wird, den Genius hervorzubringen. Und nicht etwa einer künftigen, idealen Gesellschaft, in welcher die Menschen ihre Menschenwürde zu wahren gelernt, in welcher sie allgemein eine größere geistige Reife und Bildung errungen, wird diese Aufgabe gestellt, sondern der Gesellschaft unserer Zeit der Imperativ: „Du sollst den Genius hervorbringen und fördern" zugerufen. Freilich würde dieser Imperativ jeder Gesellschaft als eine seltsame Forderung erscheinen müssen, aus dem einfachen Grunde, weil es nicht in ihrer Macht liegt, ihn zu erfüllen. Nietzsche

---

*) Die Abhandlung bildet das dritte Stück der „Unzeitgemäßen Betrachtungen".

ist nun freilich von dem Gegentheile überzeugt. An dem Beispiele Schopenhauer's, von dem er zur Zeit, als er die fragliche Schrift verfaßte, in geradezu unangenehmer Weise befangen war, will er zeigen, was die Gesellschaft zu lernen hat, um die Wiedergeburt des Genius und speziell Schopenhauer's, um den es Nietzsche hier in erster Linie zu thun ist, oder des philosophischen Genius zu erleichtern, da dieselben Gründe die Entstehung des Genius verhindern müssen, welche seine Wirksamkeit erschweren.

Was war nun wesentlich Schuld, frägt Nietzsche, daß Schopenhauer so lange harren mußte, bis endlich der Tag kam, wo er in einem freilich schmerzlich berührenden Triumphe ausrief: legor et legar! Mangel an Einfachheit und Natürlichkeit seiner Zeitgenossen, lautet die Antwort. Deshalb, meint Nietzsche, müßten die Freunde und Verehrer Schopenhauer's gesammelt werden, um durch sie eine Strömung zu erzeugen, welche die Wiedergeburt des philosophischen Genius erleichtere.

Ein stark verirrter Heroencultus, eine vollständige Kopfstellung des wirklichen Sachverhalts, des thatsächlichen Verhältnisses zwischen Genius und Gesellschaft!

Der Genius eröffnet der Gesellschaft, indem er sich entweder im Gegensatz zur Zeitströmung entwickelt, oder dem Ausdruck verleiht, was die Zeitgenossen nur dunkel empfinden, eine neue geistige Domäne, von der die Gesellschaft oft nur allmählich Besitz ergreifen lernt, die sie aber eben nicht schon vor dem Auftreten des Genius kennen kann, um sich gewissermaßen für sein Erscheinen vorzubereiten. Mit der bloßen Natürlichkeit des Denkens und Empfindens ist gewiß nicht genug gethan. Die Gesellschaft bedarf einer gewissen geistigen Reife, um den Genius zu verstehen, diese kann der Gesellschaft aber nur wieder durch den Genius gegeben werden. So sehen wir, daß Nietzsche das Verhältniß zwischen Genius und Gesellschaft vollkommen schief faßt, ja den eigentlichen Sachverhalt völlig umkehrt. Wie sich Nietzsche endlich die Förderung der Wiedergeburt des Genius durch die Gesellschaft vorstellt, ist uns ganz unersindlich. An dem Gedanken, daß es der Natur nur auf den „heroischen Menschen" ankomme, hat Nietzsche bis jetzt immer festgehalten.

Als Nietzsche die Schrift über Schopenhauer schrieb, hielt er sich selbst noch für keinen Philosophen, noch glaubte er jemals einer zu werden, wie er ganz offen selbst eingestand*); er war damals nur ein enthusiastischer Anhänger Schopenhauer's.

Bald darauf vollzog sich in ihm eine völlige Ablösung von seinem alten Meister. Nietzsche war des unbedingten Anbetens müde geworden, sein Selbstgefühl war gewachsen und es ist kein Zweifel, daß er in „Menschliches Allzumenschliches" einen bedeutungsschweren, selbständigen Gedanken ausgesprochen zu haben meinte. Nietzsche war nämlich zur schmerzlichen Ueberzeugung gelangt, daß wir in all unseren Handlungen durch Motive determinirt seien und er zog, wie dies gewöhnlich der Fall ist, daraus den grundfalschen Schluß, daß es keinen Unterschied zwischen gut und böse, daß es also weder moralische noch unmoralische Handlungen gebe, daß die Tugend keine Bewunderung verdiene, daß es ein logischer Irrthum sei, sich über das Laster zu erzürnen und den Verbrecher zu bestrafen. Bei dieser Erkenntniß konnte Nietzsche sich jedoch nicht beruhigen, bis ein tröstlicher Gedanke ihm zu Hülfe kam. „Dafür aber gibt es einen Trost", lesen wir zum Schlusse des Kapitels „Zur Geschichte der moralischen Em-

---

*) Man bringe folgende Stellen in Zusammenhang: p. 92: „Ein Gelehrter kann nie ein Philosoph werden" und p. 97: „Aber schon Kant war, wie wir Gelehrte zu sein pflegen, rücksichtsvoll und unterwürfig."

pfindungen"*), „solche Schmerzen sind Geburtswehen. Der Schmetterling will seine Hülle durchbrechen, er zerrt an ihr, er zerreißt sie, da blendet und verwirrt ihn das unbekannte Licht, das Reich der Freiheit. In solchen Menschen, welche jener Traurigkeit fähig sind — wie wenige werden es sein! — wird der erste Versuch gemacht, ob die Menschheit aus einer moralischen in eine weise Menschheit ver=wandelt werden könne.... Mag in uns die vererbte Gewohnheit des irrthümlichen Schätzens, Liebens, Hassens immerhin fortwalten, aber unter dem Einfluß der wachsenden Erkenntniß wird sie schwächer werden; eine neue Gewohnheit, die des Begreifens, Nicht=Liebens, Nicht=Hassens, Ueber=schauens, regt sich allmählich in uns auf demselben Boden, und er wird in Tausenden von Jahren vielleicht mächtig genug sein, um der Menschheit die Kraft zu geben, den weisen, unschuldigen, unschuldbewußten Menschen ebenso regelmäßig hervorzubringen, wie sie jetzt den unweisen, un=billigen, schuldbewußten Menschen — das heißt, die noth=wendige Vorstufe, nicht den Gegensatz von jenem — hervorbringt."

Die Möglichkeit einer weisen Menschheit ist ein Gedanke, auf den in der That vorher niemand verfallen ist. Spinoza hielt eine Denkergemeinde für möglich, in der Niemand Aergerniß geben würde. Zu dem Gedanken einer „weisen Menschheit" würde er den Kopf geschüttelt haben. Der Verstand sollte wirklich je die Macht haben können, Herr über die ursprünglicheren Gewalten der Gefühle zu werden? Und gesetzt, er sollte ein solcher Zauberer zu werden ver=mögen, würden mit den ethischen Empfindungen nicht auch die ästhetischen schwinden und schließlich außer einem untrüg=lichen Verstande nur mehr die niedrigsten Empfindungen

---

*) p. 91.

übrig bleiben? Wenn ein Herbert Spencer von einem Zukunftszustande der Gesellschaft träumt, in welchem die persönlichen und allgemeinen Interessen sich in vollkommener Harmonie befinden werden, so ist dies ein schöner Traum und es gibt Momente, wo man an seine Verwirklichung glauben kann, während Nietzsche's Utopie ein höchst unerquickliches Zukunftsbild bietet. Es läßt sich um so weniger begreifen, daß Nietzsche sich bei diesem Gedanken beruhigte, da er sich kurz vorher folgendermaßen äußert*): „Es sind nur die allzunaiven Menschen, welche glauben können, daß die Natur des Menschen in eine rein logische verwandelt werden könne; wenn es aber Grade der Annäherung an dieses Ziel geben sollte, was würde nicht **Alles auf diesem Wege verloren gehen müssen!**" Uebrigens können wir uns auch mit diesem Ausspruche nicht für einverstanden erklären, da wir die ihm zu Grunde liegende Anschauung, daß unsere moralischen Urtheile auf Irrthümern des Intellekts beruhen, verwerfen müssen. Doch erachten wir es nicht als unsere Aufgabe, an dieser Stelle unsere eigene Anschauung über diesen Punkt zu entwickeln.

Wenn Nietzsche an einer Stelle der „Morgenröthe" (1881) dem Gedanken Ausdruck giebt, daß man den Menschen das Vertrauen zu ihren als egoistisch verschrieenen Handlungen zurückgeben solle, da man dadurch dem Leben den bösen Anschein nimmt und der Mensch aufhört, böse zu sein, wenn er sich nicht mehr für böse hält, so ist das eine sehr gewagte Behauptung.

Geradezu befremdend ferner ist die Stellung, welche Nietzsche dem Mitleid gegenüber einnimmt. Er sieht darin nur eine Manifestation des Machtgefühls, eine „angenehme Regung des Aneignungstriebes", das angenehmste Gefühl bei

---

*) p. 33.

solchen, welche wenig stolz sind und wenig andere Eroberungen machen können. Es ist ihm nichts als eine moralische Mode und der Mitleidige nur eine spezielle Art Egoist.

Nietzsche hat ja tausendmal Recht, wenn er die intellektuelle Leichtfertigkeit tadelt, mit welcher gewöhnlich Wohlthaten erwiesen werden, und, mit Hinblick auf Comte's Lehre, vor den Gefahren des zu weit getriebenen Altruismus warnt. Doch unterscheidet Nietzsche nicht zwischen dem plumpen, beleidigenden Zufahren derjenigen, die zu keiner höheren Gefühlskultur gelangt, ihren Impulsen folgen, und den edlen Formen des wahrhaften Mitgefühls. Das ächte Mitgefühl, dessen nur der wahrhaft sittliche, phantasievolle und verständige Mensch fähig ist, will nicht Gewalt üben, will nicht beleidigen. Wie fast in jedem Punkte widerspricht sich Nietzsche auch in diesem. In „Die fröhliche Wissenschaft" heißt es: (Nr. 74) „Was ist das Menschlichste? Jemandem Scham ersparen." Aber ist Jemandem Scham ersparen nicht auch eine Form des Mitgefühls? Der tiefste Grund, weshalb Nietzsche das Mitleid so geringschätzig behandelt, ist das Bewußtsein, daß es Fälle gibt, wo das Wohl des Nächsten einem höheren Zwecke geopfert werden muß. So heißt es in dem Abschnitte „Auch über den Nächsten hinweg" in „Morgenröthe"*): „das Wesen des wahrhaft Moralischen liege darin, daß wir die nächsten und unmittelbarsten Folgen unserer Handlungen für den Andern in's Auge fassen und uns darnach enscheiden? Dies ist nur eine enge und spießbürgerliche Moral, wenn es auch eine Moral sein mag. Aber höher und freier scheint es mir gedacht, auch über diese nächsten Folgen für den Andern hinwegzusehen und entferntere Zwecke, auch unter Umständen durch das Leid des Anderen, zu fördern, zum

---
*) p. 142 (Nr. 146).

Beispiel die Erkenntniß zu fördern, auch durch die Einsicht, daß unsere Freigeisterei zunächst und unmittelbar die Andern in Zweifel, Kummer und Schlimmeres werfen wird." Wir müssen Nietzsche dankbar sein, daß er diesen Gesichtspunkt kräftig hervorgehoben. Weil es aber in gewissen Fällen höhere Rücksichten giebt, als das Wohl der Mitmenschen, so sind dies eben doch nur Ausnahmefälle und wie würde das Leben verarmen, wenn das Mitgefühl daraus schwinden würde!

Was uns bei Nietzsche am Sympathischsten berührt, das ist sein Betonen der Mitfreude, deren Bestehen manche Philosophen, z. B. Hobbes, geleugnet; des intellektuellen Gewissens, welches in der That nur bei den Allerwenigsten sich geltend macht und seine muthige freudige Lebensbejahung mit einem stolzen Ausblick in die Ferne, doppelt wohlthuend bei einem einstigen Jünger Schopenhauer's. Dieselbe hat in „Also sprach Zarathustra", Nietzsches letztem Werke, zu dem wir sofort übergehen werden, den intensivsten, doch freilich einen verfehlten Ausdruck erhalten. Sympathisch endlich berührt auch Nietzsche's kräftiger Individualismus, nur daß Nietzsche auch darin zu weit geht, wenn er im Widerspruch mit seiner Geringschätzung des Durchschnittsmenschen, Jeden für ein Unicum hält und die Berechtigung allgemein bindender Gesetze verneint.

Was will Nietzsche schließlich in „Also sprach Zarathustra" lehren? Wir erwähnten bereits, daß Nietzsche mit diesem Werke offenbar ein neues Evangelium geschaffen zu haben glaubte und daß er darin selbst die Form der heiligen Bücher wiedergegeben hat, ohne daß wir dies billigen könnten. Wenn die alte Sprache auch den Vortheil einer größeren Wucht und Kraft bietet, so ist sie doch nicht fähig unsere modernen verfeinerten Empfindungen und Gedanken wiederzugeben. Wer sich deshalb dieser Sprache bedient, wird einer vergröbernden Rückwirkung auf seine Gedanken nicht entrathen können, wie sich auch in Nietzsche's Werk nur zu deutlich zeigt. Da hat W. M. Salter in dem Buche, das wir bald besprechen werden, den Ton weit richtiger getroffen, in dem man heute eine Lehre vortragen muß, um die Herzen zu entflammen.

Der „Zarathustra" zu Grunde liegende Gedanke ist eine Consequenz des Darwinismus und schon vor Nietzsche wiederholt ausgesprochen worden. Doch muß Nietzsche das Verdienst eingeräumt werden, denselben affektiver erfaßt zu haben, als irgend ein Anderer. Freilich wird Nietzsche durch den Affekt, wie so oft, dazu verleitet, weit über das Ziel hinauszuschießen.

Wir citiren die Hauptstelle aus Zarathustra's erster Rede, die er an die versammelte Volksmenge richtet, damit der Leser aus den Worten des Helden den Hauptgedanken des Buches entnehme und sich eine Vorstellung von der Art bilde, wie der Verfasser Zarathustra sprechen läßt*):

„Ich lehre euch den Uebermenschen. Der Mensch ist etwas, das überwunden werden soll. Was habt ihr gethan, ihn zu überwinden?"

„Alle Wesen bisher schufen etwas über sich hinaus und ihr wollt die Ebbe dieser großen Fluth sein und lieber noch zum Thiere zurückgehn, als den Menschen überwinden?"

„Was ist der Affe für den Menschen? Ein Gelächter und eine schmerzliche Scham. Und eben das soll der Mensch für den Uebermenschen sein, ein Gelächter und eine schmerzliche Scham."

„Ihr habt den Weg vom Wurm zum Menschen gemacht und Vieles ist in euch noch Wurm. Einst waret ihr Affen und jetzt noch ist der Mensch mehr Affe, als irgend ein Affe."

---

*) p. 9 ff.

„Wer aber der Weiseste von euch ist, der ist auch nur ein Zwiespalt und Zwitter von Pflanze und Gespenst. Aber heiße ich euch zu Gespenstern oder Pflanzen werden?"

„Seht, ich lehre euch den Uebermenschen! Der Uebermensch ist der Sinn der Erde! Euer Wille sage: der Uebermensch s e i der Sinn der Erde!"

„Ich beschwöre euch, meine Brüder, bleibt der Erde t r e u und glaubt denen nicht, welche euch von überirdischen Hoffnungen reden! Giftmischer sind es, ob sie es wissen oder nicht."

„Verächter des Lebens sind es, Absterbende und selber Vergiftete, deren die Erde müde ist: so mögen sie dahinfahren!"

„Einst war der Frevel an Gott der größte Frevel, aber Gott starb und damit starben auch diese Frevelhaften. An der Erde zu freveln, ist jetzt das Furchtbarste und die Eingeweide des Unerforschlichen höher zu achten, als den Sinn der Erde." . . . . . .

„Was ist das Größte, das ihr erleben könnt? Das ist die Stunde der großen Verachtung, die Stunde, in der euch auch euer Glück zum Ekel wird und ebenso eure Vernunft und euere Tugend."

„Die Stunde, wo ihr sagt: Was liegt an meinem Glücke! Es ist Armuth und Schmutz und ein erbärmliches Behagen. Aber mein Glück sollte das Dasein selber rechtfertigen."

„Die Stunde, wo ihr sagt: Was liegt an meiner Vernunft! begehrt sie nach Wissen, wie der Löwe nach seiner Nahrung? Sie ist Armuth und Schmutz und ein erbärmliches Behagen!"

„Die Stunde, wo ihr sagt: Was liegt an meiner Gerechtigkeit! Ich sehe nicht, daß ich Gluth und Kohle wäre! Aber der Gerechte ist Gluth und Kohle!"

„Die Stunde, wo ihr sagt: Was liegt an meinem Mitleiden! Ist nicht Mitleid das Kreuz, an das der genagelt wird, der die Menschen liebt? Aber mein Mitleiden ist keine Kreuzigung!"

„Spracht ihr schon so? schriet ihr schon so? Ach, daß ich euch schon so schreien gehört hätte! Nicht eure Sünde — eure Genügsamkeit schreit zum Himmel, euer Geiz selbst in euern Sünden schreit gegen Himmel!"

„Wo ist doch der Blitz, der euch mit seiner Zunge leckte? Wo ist der Wahnsinn, mit dem ihr geimpft werden müßtet?"

„Seht, ich lehre euch den Uebermenschen, der ist dieser Blitz, der ist dieser Wahnsinn!" . . . . . .

„Der Mensch ist ein Seil, geknüpft zwischen Thier und Uebermensch — ein Seil über einem Abgrunde!"

„Ein gefährliches Hinüber, ein gefährliches auf dem Wege, ein gefährliches Zurückblicken, ein gefährliches Schaudern und Stehenbleiben."

„Was groß ist im Menschen, das ist, daß er eine Brücke und kein Zweck ist; was geliebt werden kann am Menschen, das ist, daß er ein **Uebergang** und ein **Untergang** ist!"*)

---

*) Daß der Gedanke von diesem „Uebergang" und „Untergang" des Menschen ganz plötzlich in Nietzsche erwacht ist, ersehen wir aus folgender Stelle in „Morgenröthe", woselbst Nietzsche der entgegengesetzten Anschauung Ausdruck giebt (p. 44 Nr. 49): „Ehemals suchte man zum Gefühl der Herrlichkeit des Menschen zu kommen, indem man auf eine göttliche Abkunft hinzeigte; dies ist jetzt ein verbotener Weg geworden, denn an seiner Thüre steht jetzt der Affe nebst anderem greulichen Gethier. . . . So versucht man es jetzt in der entgegengesetzten Richtung. Der Weg, wohin die Menschheit geht, soll zum Beweise ihrer Herrlichkeit und Gottesverwandtschaft dienen. Ach, auch damit ist es Nichts! . . . Wie hoch die Menschheit sich entwickelt haben möge — und vielleicht wird sie gar tiefer als am Anfange stehen! — es giebt für sie **keinen Uebergang in eine höhere Ordnung**, so wenig wie die Ameise und der Ohrwurm am Ende ihrer Erdenbahn zur Gottesverwandtschaft und Ewigkeit emporsteigen."

Zunächst ist zu bemerken, daß die Stellung, die dem Menschen von Zarathustra eingeräumt wird, eben keine erfreuliche ist. Soll der Mensch auch in eine höhere Ordnung übergehen, so ist es ein häßlicher und unwürdiger Gedanke, ihn zu dieser in einem Verhältniß stehend zu denken, gleich demjenigen des Affen zum Menschen. Welche Zumuthung, daß der Mensch darnach streben soll, einen höheren Typus hervorzubringen, dem er nur ein „Gelächter und eine schmerzliche Scham" sein wird! Und was soll man zu dem Ausspruche sagen, daß der Mensch allein bis jetzt nichts über sich hinausgeschaffen hat, während alle anderen Lebewesen es thaten? Man muß bedauern, bei einem Schriftsteller wie Nietzsche einen so schiefen Gedanken zu finden.

Ferner: es kann immer nur als Möglichkeit hingestellt werden, daß der Mensch einst in eine höhere Ordnung übergehen werde, keineswegs aber als Gewißheit. Es ist eine außerordentliche Vollkommenheit des Menschen denkbar, ohne daß die Idealwesen der Zukunft den menschlichen Typus bereits überschritten hätten. Jene Eigenschaften, welche Nietzsche als für den Uebermenschen charakteristisch hervorhebt, sind thatsächlich in menschlichen Genies verkörpert gewesen, da der Uebermensch aber offenbar auch das Genie überragen muß, so giebt uns Nietzsche im Grunde keine Anhaltspunkte dafür, wie wir uns benselben vorzustellen haben. Ist der Uebermensch aber keine Gewißheit, so läßt er sich schon aus diesem Grunde nicht als Ziel des menschlichen Strebens hinstellen. Es ließe sich dies jedoch selbst dann nicht, gesetzt jener Uebergang wäre sicher verbürgt, weil wir die Bedingungen des Entstehens eines neuen Typus nicht kennen, und weil das Ideal des menschlichen Strebens überhaupt keine bestimmte Verkörperung buldet. Es wächst mit des Menschen Wachsthum, je höher der Mensch, um so höher sein Ideal. Auch der Uebermensch wäre nur die Realisirung einer bestimmten

Entwicklungsstufe des Ideals, — er kann also nicht als letztes Ziel hingestellt werden.

So erweist sich der Grundgedanke des „Zarathustra" in jeder Hinsicht als ein irriger. Nichtsdestoweniger gehört das Werk als Ganzes betrachtet zu den eigenthümlichsten Erscheinungen der paradoxen Literatur.

VII.

Wir haben nun noch von drei Denkern zu sprechen, von denen jeder ein Element eines höheren Religionsersatzes in mehr oder weniger wirksamer Weise hervorgehoben hat, ohne daß jedoch einer von ihnen das Problem vollständig gelöst hätte. Wir meinen Julius Duboc in seinem Werke „Der Optimismus als Weltanschauung in seiner religiös-ethischen Bedeutung für die Gegenwart"*); ferner E. Dühring in „Ersatz der Religion durch Vollkommeneres und Ausscheidung alles Judenthums aus dem modernen Völkergeiste"*) und endlich William Mackintire Salter in „Religion der Moral"***).

Duboc unterscheidet in Bezug auf das Verhältniß des Menschen zu Gott in der Religion zwei Sphären: die praktische und die ästhetische. „Soweit der Mensch auf dem religiösen Vorstellungsgebiet, namentlich in seiner populärsten Form, dem Gottes- und Unsterblichkeitsglauben, den **helfenden, rathenden, tröstenden** Gott berücksichtigt, den obersten Lenker und Gesetzgeber, soweit er diesem als solchem geistig in der Vorstellung oder gemüthlich mit Wunsch und Dankesempfindung nahetritt, soweit bewegt er sich und verharrt er in der praktischen Sphäre. . . . Aber daneben oder

---

*) Bonn, 1881.
**) Karlsruhe, 1883.
***) Deutsche Ausgabe, veranstaltet von Georg von Gizycki, Leipzig und Berlin, 1885.

darüber spannt sich wie ein glänzender Regenbogen eine an=
dere Sphäre aus. Sie ist wie von einem jenseitigen geheim=
nißvollen Lichte durchleuchtet, wie von einem jenseitigen
geheimnißvollen Klange durchtönt. Ja, sie ist in der That
in ihrem Verhältniß zu des Menschen Inneren nichts als die
Einwirkung auf Phantasie und Gemüth, die sich dem Ein=
druck zugesellt, daß in allen diesen religiösen Momenten, in
dem Dasein eines obersten Lenkers, der gerecht richtet, in der
unsere sichtbare, sinnfällige Vergänglichkeit aufhebenden Fort=
bauer über Grab und Tod u. s. w., um den Menschen ein
**hohes, hehres und einer verstandsmäßigen Er=
gründung unerreichbares Seinsverhältniß** webt
und besteht. Soweit die Wirkung dieses Eindrucks in dem
Menschen reicht, soweit er ihn trägt, belebt und ausfüllt,
soweit auf dieser Grundlage sich sein religiöses Wesen eigen=
artig aufbaut, soweit ist dasselbe ausschließlich der ästhetischen
Seite zuzurechnen."

Duboc will, indem er sich gegen die „Diesseitigkeit"
unserer Zeit, d. h. gegen das Befangensein in rein mensch=
lichen Interessen oder mit anderen Worten gegen den „Nieder=
gang des religiösen Bewußtseins" in der Gegenwart wendet,
jenen Eindruck eines „hohen, hehren, einer verstandesmäßigen
Ergründung unerreichbaren Seinsverhältnisses" als einen un=
abhängig von jeder positiven religiösen Norm berechtigten
hinstellen und ihn auf den Thatbestand begründen. Auch ohne
Gottesglauben sollen wir einsehen, daß ein Geheimniß uns
umschwebt und dasselbe mit einem religiösen, ehrfürchtigen
Gefühle erfassen. Das Vorhandensein eines Weltgeheimnisses
aber wird jeder vorsichtige Denker zugeben müssen. Für
Duboc nun besteht jenes Weltengeheimniß in der Unendlich=
keit und Unübersehbarkeit des Weltprocesses oder er will doch
nur dieses Moment des Geheimnisses ins Auge gefaßt wissen.

Den in Frage stehenden seelischen Eindruck aber bestimmt

Duboc folgendermaßen:*) „Der allgemeinste seelische Eindruck (nämlich eines hohen, hehren, unergründlichen Seinsverhältnisses), wenn wir ihn von allen anderen, ihn umschlungen haltenden, aber aus ihm selbst nicht hervorgegangenen Momenten loslösen, ist als ein gewisses **ästhetisches Ergriffensein** der Sammlung und Erhebung zu bezeichnen. Vor jedem Geheimniß, das uns nicht etwa **Schrecken und Entsetzen** einflößt, — deßhalb muß es eben ein **hehres** Geheimniß sein, was nach dieser Richtung hin den äußersten Gegensatz von allem Schrecklichen bezeichnet — das ferner so **groß und überragend** dasteht, daß es nicht lediglich von der Wißbegier als geeignetes Objekt der Untersuchung ergriffen wird, und so **ernst**, daß die Neugier vor ihm verstummt, vor jedem derartigen Geheimniß erfolgt für den empfänglichen Menschen ein derartiges Ergriffensein."

Diesen Charakter zeige das Geheimniß, wie es in der Religion auftritt, aber auch außerhalb derselben bestehe ein solches; das Bedürfniß, sich zur Idee desselben zu erheben oder vielmehr es mit dem Gefühle zu umfassen, sei dem modernen Menschen verloren gegangen. Während die **Unendlichkeit** in Milliarden Sternen über unseren Häuptern rollt, während der kosmische Entwicklungsproceß in **unübersehbaren** Vorgängen und Formen sich vollzieht, ein Geheimniß besteht, das unsere Begriffssphäre überragt, ist dies Alles nur ein Rechenexempel, eine Curiosität für uns, sind die höchsten Dinge uns gerade gut genug, um unsere Wißbegierde und Neugier daran zu befriedigen. Hegt der Religiöse vor **seinem** Geheimniß eine gewisse Scheu, würde er es als eine Beleidigung seines persönlichen Gottes betrachten, wollte er demselben nur als einem Gegenstande der Untersuchung gegenübertreten, so fällt für die ungläubige Mensch-

---

*) p. 88.

heit dieser Hinderungsgrund hinweg. Duboc räumt ein, daß jenes „ästhetische Ergriffensein der Sammluug und Erhebung" von der individuellen Befähigung, von der Stimmung, von dem Bildungsgrade Jemandes abhängig sei, daß aber die Motive dazu objektiv gegeben.

Damit wir aber das Weltengeheimniß als ein „hehres" begreifen, welches uns Ehrfurcht und nicht Furcht einflößt, müssen wir vor Allem erkennen, daß Sinn in dem Weltprocesse enthalten, während der Pessimismus eben nur Sinnlosigkeit in demselben sieht. Duboc sucht den „Sinn" im kosmischen Proceß dadurch zu beweisen, daß er zunächst den Sinn des menschlichen Strebens darthut und daraus einen Schluß auf den Weltproceß zieht. Der Sinn des menschlichen Strebens besteht aber darin, daß alles Streben ein Streben nach Verbesserung, nach einer vortheilhaften Veränderung. „Die Verbesserung enthält aber auch gleichzeitig, wenn auch unbewußt, die Besserung, den Fortschritt zu einer höheren, in Wahrheit verklärten Daseinsstufe, denn im Erkennen liegt ja mit der Erklärung auch die Klärung."*) Indem Duboc zur Beantwortung der Frage, wie sich nun das Verhältniß zum Weltprocesse stellt, übergeht, sagt er: „Habe ich ein Recht erworben, das Angegebene als Sinn des Seins von der Stelle auszusagen, wo ein in Bewußtseinsnähe wirkendes Streben sich vollzieht, also im Menschen und anderen lebenden Geschöpfen, so ergiebt sich daraus einerseits das Recht, den Ausdruck im kosmischen Sinne zu nehmen, ihn auf den Weltproceß zu übertragen, andererseits die Bedeutung, in welcher dies zu nehmen ist. Liegt in allem Streben ... der Inhalt des Empfindens, nur in veränderter Form, ist Empfinden die Grundthatsache des seelischen Lebens, die Grundthatsache des Lebensprocesses überhaupt, der in ihr

---

*) p. 172.

zum Ausdruck gelangt und sie bedingt, so ist auch die fortschreitende lebendige Entwicklung als Inhalt des Strebens, als Sinn des Seins, der Sinn des Weltprocesses d. h. die Wesensbeschaffenheit desselben, der Schwerpunkt in der Richtung seines Vollzugs, seine nothwendige und daher auch gewisse Bewegungsform." Dies zugegeben, scheint der Kennzeichnung des Weltengeheimnisses als eines „hehren" doch der Umstand entgegenzustehen, daß das Individuum im Weltprocesse preisgegeben ist, kann es ihm doch jeden Augenblick beschieden sein, „unter die Räder des Verhängnisses zu gerathen und unersetzlich geschädigt oder zertreten zu werden."*) Duboc ist der Letzte, das Weltübel zu leugnen; er anerkennt dasselbe in seiner ganzen schrecklichen Macht, aber er thut zugleich in scharfsinniger Weise dar, daß das Weltübel, das Weltleid einerlei Nothwendigkeit mit der Nothwendigkeit des Werdens habe. „Gleichviel ob wir demselben einen metaphysischen oder physischen Hintergrund leihen, die Existenznothwendigkeit des Werdens — es gilt für beide Standpunkte — bedingt ein Herausschälen aus niedersten Anfängen, ein Erheben, dem ein Versinken, ein Anziehen, dem ein Abstoßen anderer Theile, kurz ein Proceß, dem zahllose Opfer fallen, zur Seite geht. Welche Unsumme von Leid vermag nicht Einsicht zu bewältigen, welche Unsumme von Weltleid ist also allein dadurch gesetzt, daß Einsicht erst werden muß, daß sie aus instinktiven Regungen, dunklen Trieben sich erst zur Helligkeit durcharbeiten, aus dem geringsten Bestand im Laufe von Generationen zu einer Summe anschwellen muß, durch welche den nächsten Generationen Weltleid, soweit es hievon abhängig war, erspart werden kann." Der Weltproceß stellt demnach, als Ganzes betrachtet, trotz der Preisgebung des Individuums, dennoch

---

*) p. 230.

nichts Anderes dar, als ein „Herausarbeiten des Lichtes aus dem Dunkel, der Ordnung aus dem Chaos, als ein Ueberwinden von Noth und Knechtschaftsbanden, um zur Freiheit, zum Wohlsein zu erstehen. Es ist ein **Lichtgestaltungsproceß**, an dem **Alle** betheiligt sind, aus dem Keiner, mag er seine Stellung wählen, (soweit von Wahl die Rede sein kann) wie er will, ausweichen kann, nur daß der Betheiligungstheil des Einzelnen activ oder passiv sich gestalten kann. Das Geschick der Menschheit stellt sich unter dem Bilde eines Menschen dar, der unter Ungemach und Drangsal aller Art, für dessen Ueberwindung aber seine Kraft ausreicht, dem entgegenarbeitet, — Licht, Freiheit, Schönheit — dem alle seine Pulse entgegenschlagen. Und in diesem Geschick eines siegreichen Kämpfens und Ueberwindens liegt jedenfalls an sich nichts, was den Character des Hehren aufzuheben vermöchte."

Es genügt aber nicht, dieses zu **wissen**, es muß auch **gefühlt** werden. Indem wir den Gedanken des Weltfortschritts affektiv erfassen, uns demselben hingeben, eine Sammlung, die uns wenigstens für Momente gelingt, erheben wir uns zugleich über die Erde, erheben uns über unsere Individualität und über ihre Beziehungen zu uns, also auch über das Mitleid, ja, so weit dies möglich ist, über das eigne Leid und Weh. Durch das Vertrauen in den Fortschritt im Weltproceß oder den Optimismus im wissenschaftlichen Sinne des Wortes überwinden wir die Gefahr „durch die Wirkung des Erdenleids auf unser Empfinden, den hehren Character des Weltengeheimnisses und damit die Religiosität, das ästhetisch-religiöse Empfinden, einzubüßen." Der Verfasser hat somit, worauf es ihm ja ankam, eine Brücke geschlagen von dem bloßen Begreifen des Weltübels, als Moment eines Entwicklungsprocesses im Sinne des Optimismus, zu der ästhetischen Gefühlsseite des Menschen. Der Mensch wird durch die Befreiung, durch die Loslösung von der Individualität und durch Erhebung in eine höhere Sphäre von einem Frieden und einer Freude erfüllt, welche der „reine Reflex des Hehren"; zugleich aber ist diese ästhetische Selbstentäußerung eine würdige Vorübung auf den Tod, als dem vollständigen Erlöschen des individuellen Bewußtseins. Dabei denkt sich Duboc die praktische und ästhetische Sphäre in keinem feindlichen Gegensatz zu einander stehend, wie dies z. B. im Christenthum thatsächlich der Fall ist. „Nicht scharf genug kann hervorgehoben ... werden", lauten die Schlußsätze des interessanten Buches, welche zugleich die Bedeutung des Optimismus für das sittliche Verhalten des Menschen, früher Gesagtes zusammenfassend, darthun, „daß in dieser religiösen Auffassung kein irgendwie feindlicher Gegensatz zu der Sphäre des Individuums und die in ihr sich aufbauenden Zwecke und Strebungen besteht. Mit den stärksten legitimen Banden der Sinnlichkeit, der Sympathie, des Bedarfs wissen wir uns in jeder Phase des Lebenszusammenhangs an dasselbe gebunden! Wohl müssen wir in der religiösen Erhebung das Individuum fahren lassen und uns selbst als solche verlieren, wenn unserer sinnlichen Natur der Schmerzensschrei verklingen und das erhabene Weltengeheimniß, das wir im Bewußtsein erfaßt haben, uns auch in der Gefühlssphäre als Harmonie zu Gute kommen soll. Aber nur dann vermögen wir das, wenn unsere Lebensarbeit in diesem Sinne gerichtet ist. Das Hehre besteht nur, indem es wird, es besteht aber auch nur für den, durch den es wird, und es wird nur, indem es aus der Hand der Menschheit hervorgeht. Indem der optimistische Standpunkt bei der Noth, dem Weltübel als Entstellung des Weltbildes anlangt, erzeugt er aus sich selbst, aus seinem ethisch-ästhetischen Grundgedanken heraus das, was zu allen Zeiten die beste Seite aller Religion gewesen ist, ihre umfassende Erlösungsarbeit."

Es muß Duboc das Verdienst eingeräumt werden, so manches triftige Argument gegen den Pessimismus ins Feld geführt und die Idee des Fortschritts im Weltprocesse kräftig gestützt zu haben. Daß Beides — Widerlegung des Pessimismus und Begründung des Weltfortschrittes — in viel energischerer Weise geschehen kann, wollen wir nicht leugnen. Die Begründung des Optimismus bildet aber nur die nothwendige Voraussetzung für das Gefühl ehrfurchtsvoller Ergriffenheit durch Erfassung des Weltprocesses, sofern derselbe einerseits bekannt, andererseits ein Geheimniß, und es ist ein weiteres Verdienst unseres Philosophen, dies Moment zuerst abgesondert von jeder religiösen Norm affektiv erfaßt zu haben.

Der Hauptmangel in Duboc's Werke ist die einseitige Bestimmung des Begriffes des Weltengeheimnisses. Duboc denkt dabei nur an die Unermeßlichkeit und Unbestimmbarkeit des Weltprocesses in der Zeitenfolge, oder er bezeichnet doch nur diese Seite des großen Geheimnisses als Gegenstand einer religiösen Erhebung. Aber mehr noch als das Geheimniß des Werdens ist das des tiefsten Wesens und der Urgründe alles Seins in's Auge zu fassen, ein Geheimniß, auf welches Duboc wohl hindeutet, ohne ihm jedoch die Stelle einzuräumen, die es verdient.*)

Ferner aber ist der Affect, in welchen der empfängliche Geist durch die Erfassung des Weltprocesses und des Weltengeheimnisses versetzt wird, bei Duboc nicht im Sinne einer wirklich aufgeklärten Weltanschauung bestimmt. Wie schon der Titel seines Buches besagt, unterscheidet Duboc nicht

---

*) In dem Bewußtsein, daß ein Geheimniß uns umschwebe, daß es eine letzte unpersönliche Ursache gebe, und zwar allein darin, will Gaëtano Negri in dem Buche „Die religiöse Krisis", deutsch von M. G. Conrad (Breslau 1878), einen Religionsersatz erblicken. — Die Bedeutung des Buches liegt in einer schneidigen Polemik gegen das Christenthum.

genügend zwischen den Erregungen des Religiösen einer=, des pietätsvollen Bekenners der neuen Lehre andererseits. Die Ehrfurcht, die dem modernen aufgeklärten Menschen vor dem Weltganzen wie auch vor dem Weltengeheimnisse zu= kommt, wird sich immerhin von derjenigen des Gläu= bigen vor seinem Gotte unterscheiden müssen, und wenn wir wohlweislich unterlassen, nach den letzten Gründen des Seins zu forschen, so soll dies nicht aus heiliger Scheu geschehen, sondern weil wir einsehen, über eine gewisse Grenze hinaus nichts wissen zu können. Durch die veränderte Vorstellungs= unterlage müssen nothwendig die Gefühle, mit welchen wir das Weltganze in der neuen Lehre erfassen, selbst eine andere Färbung erhalten als in der Religion, während Duboc denselben irrthümlicherweise einen religiösen Character belassen möchte. Denn es handelt sich nicht, wie Duboc meint, um eine athe= istische Religion, sondern um einen höheren Religionsersatz.

Trotz dieser Verkennung dessen, worauf es eigentlich ankommt, hat Duboc der neuen Lehre wesentliche Dienste geleistet.

VIII.

Eine entschiedene Förderung hat unser Problem durch Eugen Dühring's Werk „Ersatz der Religion durch Voll= kommeneres und Ausscheidung alles Judenthums aus dem modernen Völkergeiste" erfahren.

Dühring ist unter allen bisher genannten Denkern der= jenige, der mit der Religion am gründlichsten gebrochen, sich von allen religiösen Nachklängen am vollständigsten befreit hat, freilich nicht ohne mit der Religion auch das Ge= fühl für Beziehungen des Menschen zum Weltganzen verloren zu haben, die objektiv vorhanden sind und deshalb auch subjektiv empfunden werden sollten. Er steht in dieser wie in mancher anderen Hinsicht in einem schroffen Gegensatz zu Duboc.

Wir wollen über den polemischen Theil des Buches, welcher gegen den Semitismus gerichtet ist und die völlige Unverträglichkeit desselben mit dem modernen Völkergeiste darthut, hinweggehen. Uns interessirt hier nur der Gedanke, mit welchem Dühring einen vollkommeneren Ersatz für das Christenthum geboten zu haben glaubt.

Es steht für Dühring fest, daß, sowie das Christenthum und die ihm zu Grunde liegende Weltanschauung von einer auf der Völkerscala verhältnißmäßig niedrigstehenden Nation ausgegangen ist, die religionsersetzende Weltanschauung an die guten Stammeseigenschaften der modernen Völker anknüpfen müsse, in welch' letzteren Dühring die beste bisherige Menschheitsausprägung sieht. „Eine Geistesführung, die nicht wieder abgelegt werden soll," sagt Dühring, „muß im physiologischen Charakter der betreffenden Völker begründet sein."

Inwiefern soll aber der moderne Völkergeist in seinen besten Zügen als Ausgangspunkt einer neuen Lehre gedacht werden? Indem er zum Princip einer Characterisirung des Urgrundes der Dinge genommen wird. Hat Duboc wesentlich die Kennzeichnung des Weltprocesses im Auge, so geht Dühring auf den Weltgrund — wir sehen zunächst von der Art ab, wie er denselben faßt — zurück. Beide Denker ergänzen einander, denn Weltgrund wie Weltproceß müssen beim Religionsersatz mit gleicher Intensität in's Auge gefaßt werden.

Auf die erste Aera der Menschheit, die asiatische, wo verhältnißmäßig niedrig stehende, aber ältere Völker den jüngeren ihren Stempel aufgedrückt haben, soll die europäische folgen, in welcher die modernen Culturvölker, besonders die germanischen, nachdem sie den Asiatismus wie eine schädliche Infektion aus sich ausgemerzt und sich in ihr eigenes Wesen versenkt haben, eine neue Weltanschauung und Geistesführung sich schaffen, die naturgemäß aus ihrem besseren Racecharacter resultirt.

Es ist gewiß, daß wie der Einzelne oder ein Volk beschaffen ist, so auch sein Verhalten zum Allgemeinen und seine Auffassung des letzteren ausfallen wird. Der niedrig stehende Mensch, das niedrig stehende Volk wird nicht umhin können, die eigene Beschränktheit, die Mängel seines Geistes= und Gemüthslebens auch in seiner Auffassung der Natur zu verrathen, während der höhere Mensch, das höhere Volk naturgemäß auch eine bessere Vorstellung von den Urgründen alles Seins haben muß oder doch einer höheren Auffassung derselben fähig sein wird. Das Grundverhältniß des höheren Menschen zur Natur ist ein völlig anderes wie das des niedrig gearteten. Er steht ihr frei gegenüber, er wirft sich nicht in den Staub vor ihr. Doch geht Dühring in der Betonung der freien Stellung des Menschen zur Natur zu weit, indem er den Gefühlen der Bedingtheit durch dieselbe und der Ehrfurcht vor dem überragenden Weltganzen keine Stelle einräumt. Dühring's Mensch ist übermäßig stolz. Er hält sich gleichsam für seinen eigenen Schöpfer, während er doch nur ein freier Sohn der Natur; er anerkennt kein Geheimniß, vor dem er verstummen müsse, es giebt für ihn kein selbstvergessenes Aufgehen im Weltprocesse.

Sehr richtig begründet Dühring die Berechtigung der vertrauensvollen Auffassung des Kerncharacters der Dinge von Seiten der edleren Menschen durch die Thatsache des Vorhandenseins des letzteren. „Der eblere Character bleibt thatsächlich immer eine Instanz, die inmitten vielfacher Verderbniß für das Dasein des Guten zeugt. Wer selber gut ist, kann daher auch den Glauben an das Gute nie

gänzlich und auf die Dauer einbüßen. Er wird doch min=
destens in sich selbst ein Beispiel dafür zur Hand haben,
daß nicht Alles schlecht ist. Nun wäre es ein sonderbarer
widerspruchsvoller Gedanke, derartige Beispiele des Guten
gelten zu lassen, und im Grunde alles Seins einen Zug
zum Guten zu bestreiten. Wäre dieser Zug nicht vorhanden
gewesen, wie hätte dann das thatsächlich Gute zum Dasein
gelangen können? Es gehört also schon Verzweiflung am
Guten im eigenen Selbst dazu, um es im Grunde alles
Seins nicht zu finden."*)

Demnach darf der Grund der Dinge wohl selbst als
Character und zwar als guter Character gefaßt werden und
erst dadurch, daß dies geschieht, ist eine moralische Weltan=
schauung möglich, erhält die Moral einen festen Stützpunkt.
Wird die Moral nicht absolut verstanden, so hört sie eben
auf zu bestehen. „Die festeste Moral muß schließlich für
die Masse der Menschen zu Staub zerrieben werden, wenn
fortwährend das Gesammtgepräge der Dinge als ihr wider=
sprechend ausgegeben wird."**)

Wollte Duboc beweisen, daß das Uebel nur ein noth=
wendiges Moment des Werdens im Weltprocesse, so Düh=
ring, daß das Böse, dessen Vorhandensein natürlich nicht
weggeleugnet werden kann, etwas ist, das im Grunde der
Dinge eigentlich nicht beabsichtigt. So ergänzen sich beide
Denker auch hierin.***) „Das Böse ist nur indirekt, also
nicht eigentlich es selbst, sondern nur seine Möglichkeit in die
Welteinrichtung eingeschlossen, und es ist stets nur mit der
Zugesellung einer sich gegen dasselbe richtenden
Rückwirkung in den Lauf der Dinge eingeschlossen.
Betrachtet man es künstlich für sich selbst und sieht über jene

*) p. 139.
**) p. 163.
***) p. 166.

Rückwirkung, durch die es principiell als Thatsache verworfen wird, hinweg, so entsteht der falsche Schein, als wenn es in aller Glorie absolut waltete. Was sein soll und nicht anders als sein kann, ist aber gleichsam nur die offene Thür zu allen möglichen Wegen und Abwegen. Wenn sich der Abweg nicht blos als solcher characterisirt, sondern auch immer gleichsam an eine undurchbringliche Mauer führt, so sind diese Schranken hinreichend, um der Gerechtigkeit genugzuthun."

Dühring ist sich wohl bewußt, daß seinem Principe, die Characteristik des Seins auf dem Inhalt menschlicher Charactertypen beruhen zu lassen, leicht Scheingründe entgegengestellt werden können. „Man braucht nur dreist zu behaupten, alle derartige Kennzeichnung von Sein und Natur nach menschlichen Characterzügen sei subjektiv und grob anthropomorphistisch." Gegen diesen Vorwurf wendet Dühring mit Recht ein*): „Auch der Anthropomorphismus, in einem gewissen Sinne verstanden, hat sein Recht. Der Mensch hat eben nichts Anderes, als den Inhalt des menschlichen Wesens, um den Inbegriff der Dinge zu characterisiren. Nicht auf den Kern seines Wesens, sondern nur auf die Zufälligkeiten hat er bei der Kennzeichnung zu verzichten. Er hat das Auge, um die Welt zu sehen, nicht aber, um die thörichte Einbildung zu hegen, die Welt oder der ihr zu Grunde gelegte Gott sei ein Auge."

Dühring faßt nun den Urgrund der Dinge materialistisch, aber man braucht diesen Standpunkt nicht zu theilen, um mit seinem Principe vom modernen Völkergeiste zur Charakterisirung der letzten Gründe, -- wie man sich dieselben auch denke -- vorzuschreiten, einverstanden zu sein. Es liegt nur scheinbar eine Beschränktheit in dem Gedanken zur Kennzeich-

---
*) p. 145.

nung des tiefsten Naturgrundes von nationalen Vorzügen auszugehen. Diese in Frage stehenden nationalen Vorzüge sind eben die bisherigen höchsten Manifestationen der Völkermoral. Die Gesetze der Moral aber haben ihre Wurzeln im tiefsten Grunde der Dinge. Der eblere Mensch, das eblere Volk hat somit das Recht, sich mit seinen moralischen Eigenschaften im innigsten Zusammenhange mit dem Kerncharacter der Dinge zu denken, eine Weltanschauung, welche ihrerseits nicht verfehlen kann, den besseren Menschen auch wirklich zu erfüllen, ist sie doch aus seinem eigenen Wesen hervorgegangen, und die ihn mit einer neuen Freude am Guten beleben muß.

Ist es zunächst ein Bedürfniß des ebleren Verstandes, des besseren Gemüthes, den Weltgrund seiner eigenen Beschaffenheit gemäß zu kennzeichnen, so lassen sich diese Voraussetzungen durch die Forschung bestätigen. „So hatte Copernicus zunächst den Glauben, das System der Natur müßte einfach und harmonisch sein, nicht aber verzwickt und verschroben, wie es die verlehrten Astronomen darstellen." Bei dieser Anschauungsweise steht der Mensch dem Weltganzen nicht mehr fremd, wie einem bloßen Mechanismus, einem Spiel physikalischer Kräfte gegenüber. „Es sind nämlich auch die Wirkungen, die zum Menschen hinführen und diesen befriedigen, also alle wohlgefügten Beziehungen zwischen dem Nichtempfindenden und dem Empfindenden. Es ist nicht blos Verstand, sondern es ist auch Theilnahme für das Gemüth empfindender Wesen in der Einrichtung der Welt, und diese Wahrheit reicht weiter, als jemals die Griechen vorgebrungen sind. Die neueren Völker treten hier mit ihrem ebleren Gemüthe ein, und sehen den Weltgrund im Lichte ihrer eigenen ebleren Triebe."

Sehr richtig hebt Dühring hervor, daß sich der eblere Geist nur mit dem Guten dieser Welt verwandt fühlen kann und keineswegs unterschiedslos mit Allem und Jedem. Das Gemeinschaftsgefühl bedarf jedoch noch einer anderen näheren Bestimmung. Wir dürfen uns, obwohl aus dem Grunde aller Dinge aufgestiegen, nicht für identisch mit demselben halten. „Wie jede wahre Mitempfindung für die Freude und den Schmerz Anderer mit dem eigenen Interesse und Schicksal nichts zu schaffen haben und nicht dadurch entstehen darf, daß man sich an die Stelle des Andern denkt, anstatt gleichsam den Andern, für sich uninteressirt, selbst zu denken, — wie also hier die natürliche Ursache des Mitgefühls dadurch wirkt, daß hiermit der Mensch vom Eigeninteresse loskommt, so ist auch für den Kerncharacter oder das Gute im universellen Sinn sympathisches Verständniß und Gefühl nur dadurch möglich, daß dessen Eigenschaften, nicht aber unsere Angelegenheiten, uns erregen. Das Gute und Harmonische im Sein, sowie die wahren Auffassungen davon müssen uns ganz wie etwas außer unserem Ich Gelegenes erregen; sonst verfallen wir in Selbsttäuschung." Wir hängen mit dem Kerncharacter der Dinge ideell durch das Gemeinschaftsgefühl, ferner aber auch materiell zusammen, erstens nach Seiten jener Wurzeln hin, die in die Urvergangenheit reichen und zweitens vermöge der Lebensreize, „die uns durch die Naturkräfte und vom übrigen Menschendasein her zukommen."

Die Weltanschauung, die wir hier in kurzen Zügen und indem wir den Philosophen oft selbst sprechen ließen, skizzirten, ist nicht nur geeignet, dem strebenden Menschen heilsame Impulse zu geben, sondern zugleich dem Sterbenden Trost zu bieten, indem sie ihn vertrauensvoll an den Grund der Dinge und das Fortbestehen des Guten denken lehrt.

In der Richtung der Lebensführung stellt Dühring den besseren modernen Nationen die Aufgabe, ihre edleren Stammeszüge zu manifestiren. Dies kann nur dadurch bewerkstelligt werden, daß jene Züge zum Gegenstande besonderer Uebung gemacht werden. „Dieser moderne Völkercharacter mit seinem Freiheitsstreben und seiner verhältnißmäßigen Befähigung zu einem höheren Maße von Gerechtigkeit, Vertrauen und Treue ist in der öffentlichen Lehre und im öffentlichen Leben direkt zum Gegenstande der Pflege zu machen. Alle Einrichtungen, von der Familie bis zum Staate, d. h. bis zur Gesammtform des gesellschaftlichen Gemeinlebens hinauf, sind als von den aus jenem Charakter fließenden Grundsätzen getragen aufzufassen und zu entwickeln. Diese Grundsätze müssen öffentlich bekannt und muß auf sie als auf die Grundlagen aller haltbaren Institutionen ausdrücklich hingewiesen werden. Der moderne Staat bedarf einer Fahne, die mehr als bloße Moral im gewöhnlichen beschränkten und oft sehr unbestimmten Sinne des Wortes ist. Die Moral wird gewöhnlich in fälschlicher Einseitigkeit so vorgestellt, als wäre sie die erste Ursache des besseren Verhaltens, und als entspränge aus ihr der Character. Es ist dagegen vielmehr umgekehrt der Character die Ursache der Moral. Schon im Einzelleben läßt es sich beobachten, wie wesentlich aus dem guten Character die guten Handlungen hervorgehen. Der von Natur und durch Uebung bessere Character ist die Quelle besserer Grundsätze und Verhaltungsarten.*)" Und später lesen wir: „Der Cultusersatz muß daher nicht blos in einer Lehre, sondern auch in einer systematischen Bildung von festen Gewohnheiten des Denkens, Fühlens und Thuns bestehen. Natürlich ist hier von Gedanken, Gefühlen und Handlungen nur insoweit die Rede, als sie sich auf die Welt- und Lebensanschauung beziehen. Das Hineinbilden einer moralischen Auffassung der Gesammtwelt

---

*) p. 197.

in die Köpfe und Herzen ist hier die Hauptaufgabe, denn nicht der gewöhnliche Begriff der Moral, sondern nur derjenige von einer Welt- und Seinsanschauung, die mit der besseren Völkermoral übereinstimmt, und in der diese Moral eine universelle Bestätigung und selbst wiederum einen Halt findet, reicht hier aus."

Ein Hauptmittel der Verständigung, mehr als die Schrift, wird die mündliche Mittheilung sein, sei es durch's Gespräch oder durch Vorträge, welch letztere jedoch nicht den Character von Predigten haben dürfen. Bildung von Genossenschaften und Gemeinschaften hält Dühring für nützlich und obwohl er weit davon entfernt ist, Organe, welche die Priester ersetzen würden, für die neue Lehre vorzuschlagen, hält er für die Uebergangszeit doch besondere Träger und Interpreten der neuen Geistesführung für nothwendig.

Die neue Weltanschauung schließt auch Pflege der Wissenschaft in sich, aber nicht der Wissenschaft überhaupt, sondern derjenigen, „durch welche das Vertrauen auf die Welt- und Seinsordnung und der Sinn für die in der Naturordnung wahrnehmbare Gerechtigkeit ausgebildet wird."*)

Sowie das Leben wird auch die Kunst durch die neue Lehre einen veränderten Character erhalten, indem es Aufgabe derselben sein wird, die Stammeseigenschaften der neueren Völker intensiver zum Ausdruck zu bringen und so wahrhaft und im höchsten Sinne national zu werden. „Um also ganz speziell und gleichsam in einem häuslichen Beispiel die Angelegenheit zu veranschaulichen, so hätte die deutsche Kunst vor Allem den idealen Deutschen nach allen Richtungen seines Wesens durch schöpferische Vertiefung in die Bestandtheile seines Characters zur plastischen und malerischen Darstellung zu bringen." An diese und an andere Aeußerungen

---

*) p. 204.

über die Kunst der Zukunft ließe sich manche Bemerkung anknüpfen, was wir jedoch, da es uns bloß um die Hauptgedanken des Werkes zu thun ist, unterlassen wollen. — Die Moral bekommt in der neuen Lehre eine höhere Bedeutung, indem sie im Unterschiede von der palästinensisch-christlichen Moral, die „vielfach ein Gemisch von unanwendbaren Paradoxien, ja Widersinnigkeiten", die von Freiheit und Würde kein Körnchen enthalte und in vielen Punkten geradezu eine Knechtsmoral sei — eine Kritik, von der wir jedes Wort unterschreiben —, auf alle aus der besseren Völkernatur entspringenden Tüchtigkeiten und Vorgänge sich bezieht.

Im letzten Kapitel seines gehaltvollen und in mancher Hinsicht epochemachenden Werkes thut der Philosoph dar, wie die neue Lehre, die er auch schlechtweg Geistesführung nennt, in Staat und Gesellschaft verwirklicht werden sollte.

Dühring sieht ein, daß wie die Religion, so auch die neue Lehre vor Allem für den Einzelnen Bedeutung habe; wie die Religion jedoch auch die Haupteinrichtungen des Staates und der Gesellschaft unverkennbar beeinflußt habe, obwohl diese Einrichtungen keineswegs auf sie gegründet sind, so wird auch der Religionsersatz auf Staat und Gesellschaft einwirken müssen. Handelte es sich bei der Religion also nur um eine Zuthat zu den aus anderen Quellen stammenden Fundamenten von Staat und Gesellschaft, so gestaltet sich diese Zuthat im Religionsersatz zu einer Vollendung. Damit nun die Geistesführung im Staate in Kraft treten könne, muß derselbe vor Allem sich immer mehr und mehr von religiösen Elementen befreien, während die Kirche ihrerseits sich keineswegs vom Staate loslösen darf, sondern seiner Controle unterstehen muß. Ausmerzung der religiösen Elemente ist jedoch nur ein halbes Werk; in jede der dadurch entstandenen Lücken muß ein Vollkommeneres eintreten. So wird z. B. der Eidersatz in der Rückführung des Eides auf seine ursprüngliche und wahre Gestalt bestehen, und diese ist „der reine Appell an die Gewissensmächte und an die natürlichen Bindemittel des redlichen Verkehrs, also die Berufung auf die Heiligkeit, auf die Heilsamkeit und Unverletzlichkeit der Treue". Denn der Eid ist, wie Dühring erinnert, nicht von einer öffentlichen Gewalt erfunden worden und selbst der religiöse Umhang nicht das Wesentliche an ihm.*) Durch den Wegfall der „Jenseitigkeiten" werden viele Kräfte in der gehörigen Richtung sich bethätigen können, der Werth des Lebens und seiner wichtigsten Institutionen wird wachsen, die Familie eine höhere Weihe erhalten, Stamm und Nation zum Gegenstand einer gesteigerten Theilnahme werden. Dem Staat kann daher der Wegfall der „Jenseitigkeiten" nur wünschenswerth sein, kommt ihm doch Alles zu Gute, „was durch die Beseitigung von Phantasmen für die Wirklichkeit gewonnen wird."**) Der Staat handelt deßhalb nur in seinem eigensten Interesse, wenn er die Ausmerzung religiöser Elemente möglichst beschleunigt. Will der Staat also ein wahrhaft moderner sein und die Sympathie der modernen Völker gewinnen, so muß er immer mehr im Sinne dieses Völkergeistes sich gestalten. Hiermit ist aber Christlichkeit ein unvereinbarer Widerspruch. Will der Staat z. B. die rechte Ehe, so kann diese nicht christlich sein, da das Christenthum, wie Dühring, besonders mit Hinblick auf die Auffassung dieser Institution durch den Apostel Paulus, mit Recht bemerkt, von vornherein auf gespanntem Fuße mit der Ehe stand.

Dühring vergißt nie hervorzuheben, daß der Religionsersatz jedoch nicht Staatssache, und daß der eigentliche Träger der Geistesführung die Gesellschaft sei. Scharf betont Dühring, daß die Minderheiten der charaktervollsten und begab-

---

*) p. 238 ff.
**) p. 248.

testen Individuen immer der Ausgangspunkt sein werden, von denen aus die Hebung des allgemeinen Niveau sich bewerkstelligt, daß also nicht Regierungen in der in Frage kommenden Angelegenheit etwas Entscheidendes werden thun können, bevor nicht in der Gesellschaft der Umschwung seinen Anfang genommen.*) Erst wenn die neue Lehre nach dem Vorgange der Besten in breiteren Schichten einen Wiederhall gefunden, wird die Thätigkeit des Staates eintreten können.

Daß die Geistesführung durch eine weltbeherrschende, neue Religion durchkreuzt werden könne, dafür seien keine Anzeichen vorhanden. Neue Religionsstifter mögen immerhin noch auftreten und bei auf niederen Culturstufen stehenden Völkern einen Anhang gewinnen, wogegen nicht abzusehen ist, „wie unter den modernen Verhältnissen ein neuer Aberglaube, der nicht etwa eine bloße Formumwandlung des alten ist, zur Herrschaft über die maßgebenden Culturnationen gelangen sollte."***) Was aber den Unterschied zwischen Religionsstiftern und den Vertretern der neuen Geistesführung ausmacht, das ist, daß jene im Namen einer erdichteten Autorität sprachen, während diese „im Namen des modernen Völkergeistes zu reden und thätig zu sein haben."

Daß der Untergang der christlichen Religion nothwendig erfolgen müsse, darüber giebt es für Dühring keinen Zweifel. Nicht ein äußerer Widerstand wird, wie unser Philosoph zutreffend bemerkt, gegen den Ersatz der Religion am längsten vorhalten, sondern die falsche Gewöhnung der Gemüther, besonders die künstlich erregte Hoffnung im Sterben und in Nöthen, die zur Verzweiflung am Leben führen.**) Welche Wendung hier den Gedanken durch den Religionsersatz gegeben werden muß, darauf haben wir bereits hingewiesen.

*) p. 262.
**) p. 263.
***) p. 265.

Obwohl wir in den meisten Punkten mit dem Verfasser von „Ersatz der Religion durch Vollkommeneres" übereinstimmen, können wir doch nicht umhin, seinen Versuch, auch abgesehen von der ihm zu Grunde liegenden materialistischen Weltanschauung, in mancher Hinsicht für ungenügend zu halten. Wir hoben bereits hervor, daß Dühring bezüglich der Stellung des Menschen zur Natur den Momenten der Bedingtheit durch die Natur und des ehrfurchtsvollen Ergriffenseins durch Versenkung in den Weltgrund und in den Weltproceß — ein Ergriffensein, das auch mit Dührings philosophischem Standpunkte vereinbar, — keine Rechnung trägt. In Bezug auf praktische Lebensführung ist es als Mangel des Dühring'schen Werkes zu bezeichnen, daß es nur die moralische Vervollkommnung betont, während ebenso die Durchgeistigung, die Verschönerung und allgemeine Idealisirung des Lebens hervorgehoben werden müßte. Auf moralische Vervollkommnung wies auch die Religion hin; der Religionsersatz muß diese Einseitigkeit überwinden, indem er zugleich eine höhere, geistigere, idealere Auffassung der Dinge, eine allseitige höhere Gefühlscultur anbahnt. — Andere Momente hat Dühring zwar betont, aber ohne genügende Intensität, ohne das rechte Feuer. So räumt er ein, daß es kein letztes Ideal für den Menschen geben könne, ohne diesen Gedanken jedoch in seiner ganzen Bedeutung zu erfassen und ohne demselben einen lebendigen Ausdruck zu geben.*) Wie wir sahen, hebt Dühring ferner richtig hervor, daß die neue Lehre zuerst durch die charactervollsten und besten Individuen erfaßt und durch sie den geringeren mitgetheilt werden würde. Allein wie muß sie

---

*) Dühring sagt nur p. 256: „Für die Initiative der Wenigen wird stets noch etwas übrig sein. Denn sonst hörte der Typus des Schaffens, der nach allen bisherigen Erscheinungen in der Natur allein denkbar ist, offenbar auf."

von der maßgebenden Minderzahl erfaßt werden, damit auch in breitere Schichten eine neue Bewegung komme? In enthusiastischer, leidenschaftlicher Weise offenbar, die für's Erste selbst einige Ueberschwenglichkeit nicht ausschließen würde. Dührings Werk selbst vermag nicht enthusiasmirend zu wirken.

Da strömt von William Mackintire Salter's Buche „Die Religion der Moral" eine ganz andere Macht aus. Daß dieses Werk hinsichtlich seines Gedankengehaltes der Idee eines Religionsersatzes im Grunde viel weniger entspricht als Dührings Versuch, sagt schon der Titel desselben. Doch hat Salter den Gedanken, welcher ihn hauptsächlich beschäftigt, in zündender Form zum Ausdruck gebracht. Salter weiß, daß die neue Lehre nicht auf dem Wege des bloßen Raisonnements Macht über die Gemüther wird gewinnen können, sondern daß es dazu des begeisterten Gefühls und der begeisternden Sprache bedarf.

IX.

Die „Religion der Moral" scheint in Amerika Fortschritte zu machen. Es existirt in New-York eine Gesellschaft für ethische Cultur unter der Leitung Felix Adler's, des Verfassers eines Gedichtes „The City of the Light", in welchem er in der Art der Shelley'schen Zukunftsvisionen ein Bild einer zukünftigen gesellschaftlichen Ordnung entwirft, in der vollkommene Gerechtigkeit herrscht. W. M. Salter ist Begründer einer besondern Gemeinde in Chicago.

Salter ist kein überlegener, aber wohl ein edler, reiner, kühner und enthusiastischer Geist. Ihm ist die Moral ein Princip, ein höheres Gesetz, der einzige Gegenstand, der heilige Scheu und Ehrfurcht erregen könne, das einzige Gesetz, welches unter Menschen bestehen kann, das der Mensch nicht schafft, sondern vorfindet, welches auch dann vorhanden ist, wenn die Menschen sich ihm nicht unterwerfen, da es allerdings nicht unwiderstehlich wirkt, wie das Gesetz der Gravitation, und das eine Form des allgemeinen Gesetzes, nach dem die Dinge das werden, was sie werden sollen. Es liegt etwas Hinreißendes in der Gluth, mit welcher Salter für die Idee der allgemeinen Gerechtigkeit eintritt, — wenn er auch, wie wir sogleich sehen werden, ein allzu kühnes Vertrauen in die menschliche Natur setzt — und seiner edlen Begeisterung entspricht die wirkungsvolle Schönheit seiner Rede, die aus dem Herzen quillt.

Wir können nicht von Kapitel zu Kapitel mit dem Verfasser fortschreiten, sondern wollen nur auf einige Hauptpunkte des Werkes näher eintreten.*)

Salter's philosophischer Standpunkt ist kein einheitlicher, doch zeigt sich Salter am meisten von Kant inspirirt, wie sogleich seine ersten Bemerkungen über den Gegenstand beweisen. So heißt es pag. 23: „Unsere moralische Natur ist diejenige, durch welche wir uns über uns selbst erheben und in eine ideale Region eintreten. Die Wissenschaft mit ihren Methoden der Beobachtung und des Experimentes ist auf die Welt, wie sie ist, beschränkt, die Moral ist ihrem Wesen nach der

---

*) Die Ueberschriften der zehn Kapitel sind folgende: 1) Die Religion der Moral, 2) Das ideale Element in der Moral, 3) Wendell Philipps, ein Beispiel idealer Moral, 4) Was ist eine moralische Handlung? 5) Giebt es ein höheres Gesetz? 6) Giebt es etwas Absolutes in der Moral? 7) Die Sittenlehre Jesu, 8) Befriedigt die Sittenlehre Jesu die Bedürfnisse unserer Zeit? 9) Erfolg und Mißerfolg des Protestantismus, 10) Weshalb der Unitarismus uns nicht befriedigt, 11) Das sociale Ideal, 12) Das Problem der Armuth, 13) Die Basis der ethischen Bewegung, 14) Rede am ersten Jahrestage der Gesellschaft für moralische Cultur, 15) Betrachtung von Einwänden gegen die ethische Bewegung.

Gedanke dessen, was sein sollte. Sie ist nicht eine Schilderung des Menschen, wie er ist, auch ist sie nicht eine Abschrift oder ein summarischer Auszug aus den Thatsachen der Gesellschaft. Sie verkündigt das Gesetz, nach welchem der Mensch handeln und die Gesellschaft geordnet werden sollte." Und später: „Die Moral ist ihrem Wesen nach ideal. Sie ist nicht das, was die Menschen thun, sondern was sie thun sollten; noch ist sie das, was diese wünschen, sondern was sie wünschen sollten." Es liegt in diesen Sätzen, so wie sie sind, jedoch eine allzu pessimistische Characterisirung des jetzigen Zustandes der Gesellschaft, und bedürfen dieselben beschränkender Zusätze. Salter hätte doch nur das Recht gehabt zu sagen, daß die Mehrzahl der Menschen die Moral weder übte noch wünschte, während sich doch nicht leugnen läßt, daß sie von Vielen sowohl gewünscht wie geübt wird. Wenn Salter das bisherige Maß der Moral unterschätzt, so hält er den Menschen doch der höchsten moralischen Vervollkommnung für fähig. So lesen wir: „Willst du je das Vollkommene sehen, so mußt du es schaffen; bis dahin schweifst du über die Erde und durch die Himmel vergeblich; nur die Idee der Vollkommenheit ist in uns, das Vollkommene wird sein."*) „Nichts ist dem Geiste verschlossen. Die göttlichsten vollkommensten Dinge sind nur Gedanken von dem, was sein kann." „Wir sollen göttlich werden, wir sollen diese Welt zu einem Schauplatze der Gerechtigkeit machen"**), wobei vorausgesetzt wird, daß wir Solches auch können. Vielleicht sind diese Sätze allzu vertrauensvoll. Es ist uns absolut versagt dem Menschen ein festes Ziel zu setzen und uns ein bestimmtes Bild von seiner Vervollkommnungsfähigkeit zu

---

*) p. 6.
**) p. 8.

machen. Der Morallehrer kann nichts Anderes, als den
Menschen anspornen und ihn hoffen lassen, daß er vervoll=
kommnungsfähig, wenn er in sich geht. Ein gewisser Mangel
an gesundem Realismus, an einer gerechten Schätzung der
Wirklichkeit und an Einsicht, daß das Mögliche nicht schon
ein Gewisses ist, kennzeichnet das sonst so treffliche und er=
hebende Werk des Morallehrers von Chicago. Das Ziel
der Moral sieht Salter in der allgemeinen Glückseligkeit,
eine Auffassung, die wir schon früher als irrig zurückgewiesen
haben. — Salter ist darin wieder Kantianer, daß er an der
Freiheit des Willens, worunter er offenbar nur die intelli=
gible Freiheit verstehen kann, festhält.

Ausgezeichnet zergliedert Salter die moralische Hand=
lung, indem er folgende Momente hervorhebt: eine moralische
Handlung muß unsere eigene Handlung sein; es müssen
die guten Resultate in ihr beabsichtigt sein; sie muß frei=
willig vollzogen werden; ihr darf kein Motiv des Selbst=
interesses zu Grunde liegen, sie muß aus Grundsatz geschehen.
Indem er das Resultat seiner Analyse zusammenfaßt, sagt
er*): „Es ist also nichts Leichtes, nichts Kleines, nichts Ge=
ringfügiges, eine moralische Handlung zu vollbringen. Die
Würde des Menschen liegt in seiner Fähigkeit zu solchem
Handeln, liegt darin, daß er der Menge nicht zu folgen
braucht, daß seine Gedanken ihn bestimmen können, daß er
frei das Gute wollen, daß er im Thun des Guten selbstlos
sein kann, daß er all seine schweifenden Begierden und Triebe
gefangen nehmen und sein Leben den reinen Himmel der
Grundsätze widerspiegeln lassen kann. Das würde heißen,
scheint mir, ein Mensch sein. Das würde heißen, über
Sorgen erhaben sein, nicht mehr Sklave der Furcht oder
Hoffnung sein, die einzige Hoffnung könnte nur die sein, das

---

*) p. 81.

immer wahrhaftiger zu werden, die einzige Furcht nur die, von solch' einem Gedanken und solch' einem Ziele abzufallen und hineingezogen zu werden in irgendwelche andere niedrigen Interessen, die für die Menschen so nahe liegend und so versuchend sind." Und ferner sagt er in demselben Kapitel sehr schön: „Eine moralische Handlung ist nicht eine äußere That, noch irgend ein einzelner, besonderer Willensakt. Alle sogenannten moralischen Handlungen sind, nach alledem, in Wahrheit Theilausdrücke Einer Handlung und das ist die Gesammtabsicht der Seele, die Handlung des Lebens. Denn aller kleinen Abweichungen ungeachtet, bewegen wir uns in der einen Richtung oder in der andern. Keine einzelne Handlung, die wir thun, zählt, außer wenn sie ein Theil eines Vorsatzes ist, der über sie hinausgeht. Und kein Vorsatz ist zureichend, der nicht das gesammte Leben und dessen ganze mögliche Zukunft umfaßt."

Welchen Trost die Religion der Moral dem Sterbenden bietet, geht aus folgender Stelle hervor*): „Ich möchte den Gedanken an die unsterblichen Grundsätze den Sterbenden eingeben. Ich möchte sie daran denken lassen, daß die Liebe darum nicht aufhört, ihre Ansprüche geltend zu machen, weil seines eigenen Herzens Liebe bald erlöschen wird. Ich möchte ihn daran denken lassen, daß die Gerechtigkeit nicht deshalb stirbt, weil er stirbt, daß die Liebe darum nicht aufhört, ihre Ansprüche geltend zu machen, weil seines eigenen Herzens Liebe bald erlöschen wird. Ich möchte ihn daran denken lassen, daß, wenn auch Gerechtigkeit und Liebe in der gesammten Vergangenheit keinen Eingang in die menschlichen Herzen gefunden hätten, sie diesen Eingang hätten finden sollen, da dort ihre Stelle ist, dort ihre Bedeutung lag und daß sie das unabänderliche Muster sind, nach welchem das Menschenleben in Zukunft gestaltet

---

*) p. 137.

werden muß. Und diese Gesetze sind beständig; sie scheinen denen, welche sie betrachten, etwas von ihrer eigenen Festigkeit zu geben; sie legen Zeugniß davon ab, daß in seinem Innern sowohl als äußerlich der Mensch mit einer ewigen Ordnung der Dinge verbunden ist."

Das Kapitel: „Giebt es etwas Absolutes in der Moral", ist allen jenen zu empfehlen, welchen die Moral nur eine Sache der Meinung und Mode ist.

Den Werth der Lehre Jesu scheint Salter in dem Abschnitte: „Die Sittenlehre Jesu" im Allgemeinen zu überschätzen, während er in dem nächstfolgenden Kapitel: „Befriedigt die Sittenlehre Jesu die Bedürfnisse unserer Zeit?" zu dem Ergebnisse gelangt, daß dieselbe doch nur eine „theilweise Verkündigung" der moralischen Grundsätze ist, welche unserer Zeit noththun, und daß sie gewisse moderne Bedürfnisse nicht befriedigt. So das Bedürfniß der **intellektuellen Gewissenhaftigkeit und Ehrlichkeit**, ferner dasjenige **höherer politischer Begriffe und höherer politischer Moral**, drittens das **Bedürfniß einer neuen Darlegung des Zweckes der menschlichen Existenz**. Andere Gebrechen der Sittenlehre Jesu berührt Salter jedoch nicht.

Sehr schön ist das Kapitel über das Problem der Armuth. Der Verfasser hat einen scharfen Blick für sociale Schäden, sowie eine tiefe Sympathie für jene Unzähligen, die grausam um ihre Menschenrechte betrogen werden, während viele gar nicht die Empfindung haben, daß Armuth ein Problem sei. „Die hauptsächlichste und tiefste Ursache der Armuth," sagt Salter beredt*), „die Hauptursache liegt darin, daß der Reichthum, den die Armen schaffen helfen, nur in geringem Maße zu ihnen zurückkehrt. Sie arbeiten und ihre

---

*) p. 287.

Arbeit zählt und dauert, aber sie bekommen nichts dafür, außer was gerade nothwendig ist, sie arbeitsfähig zu erhalten. Sie haben keinen Vortheil von ihrer Arbeit, sie haben, genau genommen, keinen Lohn dafür, da sie nur das haben, was nothwendig ist, um sie zu befähigen, sie zu verrichten. Das ist unmoralisch; aber wie leicht die Wahrnehmung des Rechten im Menschen verdunkelt wird, zeigt sich in der Thatsache, daß Wenige, und selten sogar die Arbeiter selbst es für unmoralisch halten." Salter wendet sich daher an die Arbeitgeber als diejenigen, welche Abhilfe schaffen können und der Abschnitt schließt mit den schlichten aber warmen Worten: „Lieber uns einschränken, lieber sogar leiden, als andern ein Unrecht zufügen oder ein solches unterstützen. Und dann können wir, soweit wir selbst direkte Arbeitgeber sind, in unserm eigenen Verhalten gegen unsere Arbeiter ein Beispiel sein für die ideale Methode der Behandlung der Arbeit. Ich stehe nicht an, offen zu sprechen. Wenn wir Andere bessern wollen, so laßt uns zuerst uns selbst bessern."*)

*) Interessant sind einige Aussprüche über unser Thema von Ralph Waldo Emerson. So heißt es in „Führung des Lebens" (deutsche Ausgabe p. 146): „Man sagt, es gibt jetzt keine Religion mehr. Das ist gerade, als wenn man an einem Regentage sagen wollte, daß es keine Sonne mehr gebe, während wir doch gerade in diesem Augenblicke eine ihrer segensreichsten Wirkungen empfinden. Allerdings scheint es jetzt die Religion der gebildeten Klassen zu sein, Gewohnheiten und Aeußerungen zu vermeiden, in denen sonst ihre Religion bestand Aber diese Leere wird zur rechten Zeit naturwüchsige Formen einlassen." Und p. 166: „Die Religion, welche die gegenwärtigen und kommenden Zeiten erfüllen und leiten soll, muß, was sie uns auch sonst bringen möge, geistig sein. Ein wissenschaftlicher Geist muß eine Religion haben, die wissenschaftlich ist. „Zwei Dinge", sagt Muhamed, „verabscheue ich gründlich: „Den Gebildeten in seinem Unglauben und den Narren in seiner Andacht." Unsere Zeiten ärgern sich über beide und namentlich über letzteren. Gebt uns nichts, das sich nicht aus sich selbst entwickeln läßt. In der Religion gibt es sicher genug für Herz

und Phantasie. Stopft uns nicht voll Betheuerungen und halbe Wahrheiten, Gefühlsschwärmerei und Schnüffelei. Eine neue Kirche wird auf die Moralwissenschaft gegründet werden. Sie wird anfangs klein und nackend sein, ein Säugling in der Wiege wie ehedem, — Algebra und Mathematik des Sittengesetzes der Kirche des kommenden Menschengeschlechtes, die sich ohne Schalmeien, Psalmen und Posaunen begründet. Aber Himmel und Erde wird sie zu Stützen, zu Dach und Seitengebälk haben, die Wissenschaft als Versinnbildlichung und Erklärung, und Schönheit, Musik und Dichtkunst werden sich eng an sie anschließen. Nie war ein Stoicismus so düster und streng, als sie sein wird. Sie wird den Menschen in seine ursprüngliche Einsamkeit zurückverweisen, diese verwaschenen, verdorbenen und gleißnerischen Gesellschaftsmanieren vernichten und dem Menschen sagen, daß er den größten Theil seiner Zeit nur sich selbst zum Freunde haben darf. Er darf keine Mitarbeiter erwarten, er muß ohne Gefährten gehen. Auf den namenlosen Gedanken, auf die namenlose Macht, auf das überpersönliche Herz allein darf er sich stützen. Er bedarf nur seines eigenen Urtheils; kein guter Ruf kann ihm helfen, kein böser ihm schaden. Die Gesetze sind seine Tröster, sie wissen, ob er sie gehalten hat, sie beleben ihn mit dem Gefühle einer großen Pflicht und geben ihm einen unendlichen Gesichtskreis. Glück und Ehre gibt es nur für den, der sich immer in der Nähe des Großen, **immer in strenger Beziehung zu den Urgründen des Daseins fühlt.**"

X.

Unsere Untersuchung hat ergeben, daß Feuerbach, Dühring, Duboc und Salter Elemente, die ein höherer Religionsersatz enthalten müsse, am befriedigendsten dargestellt haben, ohne daß jedoch einer der genannten Denker diese Bestandtheile zusammen in's Auge gefaßt und organisch mit einander verbunden hätte, noch auch daß von jenen Denkern sämmtliche Elemente, die ein Religionsersatz umfassen soll, genügend betont worden wären.

Wir sehen, daß ein vollkommenerer Religionsersatz erstens das Verhältniß des Menschen zum Weltganzen näher zu bestimmen und ferner ein Ideal für den strebenden und handelnden Menschen aufzustellen habe. Das Verhältniß des Menschen zum Allgemeinen ist weder durch das Bewußtsein der Bedingtheit, noch durch das des Vertrauens in die letzten Weltmächte und in den Weltproceß, noch endlich durch die Ehrfurcht vor den gestaltenden Kräften des Weltalls und der Erkenntniß, daß ein Geheimniß uns umschwebe, wie tief wir auch in die Erscheinungen eingedrungen sind, — wenn man jede dieser Beziehungen für sich selbst betrachtet — genügend bestimmt. Es sind dies vielmehr nur verschiedene Seiten jenes Verhältnisses, die erst zusammen genommen, ganz zum Ausdrucke bringen, was der Mensch dem Allgemeinen gegenüber empfinden soll. Jener Denker und jenes Werk, welche der Lehre, die allein die Religion in vollkommenerer Weise ersetzen könnte, nach allen Richtungen gerecht werden würden, müßten also alle jene Beziehungen in wirksamer Weise zur Darstellung bringen. Ferner aber müßte das Ideal, nach

welchem der vollkommenere Religionsersatz den Menschen zu
streben lehrt, vollkommener und vielseitiger gestaltet sein,
als es gewöhnlich gekennzeichnet worden ist. Es wird das
Ideal nämlich hauptsächlich als ein moralisches aufgefaßt.
Zwar konnte Comte nicht oft genug wiederholen, daß er
alle Seiten der höheren Natur des Menschen berücksichtigt
habe, allein die intellektuelle und ästhetische Vervollkomm=
nung erscheint in seiner Darstellung doch zu sehr von den An=
sprüchen der Moral beherrscht. Für die Mehrzahl der
anderen Denker, deren Ideen wir würdigten, geht der Be=
griff Religionsersatz in Bezug auf den strebenden und han=
delnden Menschen in dem der Moral auf. Doch handelt es
sich, wie wir schon einmal bemerkten, nicht nur um Versitt=
lichung, sondern auch um Vergeistigung des Lebens. Ein
neuer Enthusiasmus für alle höheren Faktoren, — das wäre
der vollkommenere Ersatz der Religion in der Richtung der
Lebensführung. Eine idealere Auffassung der Dinge, eine
Vergeistigung selbst der geringsten Thätigkeit, eine muth= und
vertrauensvollere, eine freudigere und höhere Lebensanschauung
— das ist es, was uns noth thut. Die Selbstschätzung des
Menschen muß eine andere, eine richtigere werden. Eine
höchste Macht bekümmert sich allerdings nicht um jeden seiner
Gedanken und seine unscheinbarste That, und die Hoffnung
auf persönliche Unsterblichkeit ist wohl der Traum aller Träume.
Allein das Bewußtsein sollte in Allen geweckt werden,
daß der Keim einer höheren Entwicklung in ihnen liegt und
daß selbst die geringere Natur in eine ideale Sphäre sich
zu erheben vermöge. Der Gedanke, daß die Natur selbst den
Menschen anruft, seine höheren, ihm allein eigenen Fähigkeiten zu
entfalten, und daß der Mensch, wenn er seinem eigensten Wesen lebt,
harmonisch mit dem tiefsten Grunde der Dinge zusammen=
wirkt, muß ein mächtiger Antrieb für ihn sein. Ein be=
stimmtes Ziel seines Strebens läßt sich dabei nicht aufstellen.

Man kann dem Menschen nur zurufen: Strebe hoch, damit du noch höher streben kannst und fühle dich in deinem Streben, um Emerson's Worte zu wiederholen, „in strenger Beziehung zu den Urgründen des Daseins"!

Wir verkennen keineswegs, daß eine vollkommenere, religionsersetzende Lehre innerhalb der ersten modernen Culturnationen nicht eher Aussicht haben würde auch in den tieferen Volksschichten Eingang zu finden, als bis die bestehenden socialen Verhältnisse einer gerechteren Ordnung Platz gemacht haben. So lange große Menschenklassen ihr Leben im Frohndienste der Arbeit, welch' letztere durch Ueberbürdung entadelt und ohne Freude vollzogen werden muß, hinbringen, ohne mehr als ihr physisches Bestehen nothdürftig zu ermöglichen, so lange ist ein allgemeiner geistiger Aufschwung, eine höhere Auffassung des Lebens nicht zu erwarten. Zuerst muß ein großer socialer Fortschritt erfolgen, muß der modernen Cultur eine andere materielle Grundlage gegeben werden, dann aber wird wohl immer allgemeiner das Bedürfniß und die Befähigung sich geltend machen, über die Religion hinaus zu höheren Anschauungen sich zu erheben!